JUDO

Top Action

IN LIEBE FÜR RUTH

ULRICH KLOCKE

JUDO
Top Action

Meyer & Meyer Verlag

Die Deutsche Bibliothek – CIP Einheitsaufnahme

Judo : Top-Action / Ulrich Klocke.
– Aachen : Meyer und Meyer, 2001
ISBN 3-89124-670-6

© 2001 by Meyer & Meyer Verlag, Aachen
Olten (CH), Wien, Oxford, Québec, Lansing/Michigan, Adelaide,
Auckland, Johannesburg
Member of the World
Sportpublishers' Association
Umschlaggestaltung: Birgit Engelen, Stolberg
Fotos: siehe Bildnachweis Seite 167
Lithos und Belichtung: frw, Reiner Wahlen, Aachen
Lektorat: Dr. Irmgard Jaeger, Aachen
Druck: Brepols, Graphic Industries, Turnhout
Printed in Belgium
ISBN 3-89124-670-6
E-Mail: verlag@meyer-meyer-sports.com

INHALTSVERZEICHNIS

Vitali Makarow (RUS) wirft im Halbfinale der WM 1999 in der Klasse – 73 kg Miklos Illyies (HUN) mit Uchi-mata und erhält einen Ippon.

VORWORT

In dem Buch „Judo Top Action" setzt Ulrich Klocke seine lang-jährige Erfahrung als Fotograf und verantwortlicher Redakteur der Fachzeitschrift „Judo-Sport Journal" in ein erstklassiges Judobuch um. Sowohl die optische Gestaltung als auch die inhaltliche Wiedergabe der Fotos spiegeln die Faszination des Judosports wider.

Schon beim ersten Mal, als ich dieses Buch sah, war ich wie gefesselt von den schönen Wettkampftechniken und ich bin davon überzeugt, dass mich „Judo Top-Action" noch unzähli-ge Male in den Bann ziehen wird.

Frank Wieneke

- Olympiasieger
  –78 kg 1984,
- Olympia-Silber
  – 78 kg 1988
- Europameister
  – 78 kg 1986
- Bundestrainer
  Herren im DJB

Mit der methodischen Gliederung hat Ulrich Klocke wieder einmal neue Wege beschritten und dieses Buch zu einem zeit-losen Nachschlagewerk gemacht. Bei der Aufteilung hat er sich an den erfolgreichsten Wettkampftechniken auf interna-tionaler Ebene orientiert.
Gleiche Techniken von verschiedenen Weltklassejudoka wer-den hier in einem Kapitel zusammengestellt, sodass ein direk-ter Vergleich bei den unterschiedlichen Technikausführungen möglich wird.

Mit diesem Buch werden nicht nur Wettkämpfer, Trainer und Judolehrer angesprochen, es ist auch für den Judolaien eine große Hilfe, die Sportart Judo besser verstehen zu lernen. Die wenigsten Judoka wissen, dass Ulrich Klocke Träger des rotweißen Gürtels ist und er durch sein hervorragendes Judoverständnis ein angesehener Trainer bzw. Judolehrer auf nationaler und internationaler Ebene ist.

Abschließend möchte ich mich bei ihm noch für zwei Dinge bedanken, zum einen dafür, dass ich zu diesem außergewöhn-lichen Buch das Vorwort schreiben durfte und zum anderen, dass Ulrich mir immer mit Rat und Tat zur Seite stand, wenn wir über Judo gefachsimpelt haben.

Ich wünsche diesem Buch viel Erfolg und freue mich schon auf weitere Werke aus Ulis Feder.

Frank Wieneke

WARUM ICH DIESES BUCH MACHTE...

Dieses Buch ist das Ergebnis meiner Faszination am Judosport, der in den Kämpfen der großen internationalen Turniere und Meisterschaften kulminiert.

Seit 1974 fotografiere ich Judowettkämpfe auf hohem und höchstem Niveau und mein Bildarchiv umfasst mittlerweile mehr als 100.000 Fotos aus fast 30 Jahren Judogeschichte.

So bestand ein Grund, dieses Buch zu schreiben darin, die vielen wunderschönen Judoaktionen der vergangenen Jahre einem breiteren Publikum zugänglich zu machen. Dabei liegt mein Hauptinteresse darauf, mit dem gezeigten Material möglichst aktuell zu bleiben. So finden sich zahlreiche Bildserien aktueller Olympiasieger, Welt- und Europameister – Fotos, die erst kurz vor Redaktionsschluss eingebaut wurden. Die Techniken spiegeln sehr gut den Stand des Wettkampfjudo im beginnenden neuen Jahrtausend wider und können sowohl zur Analyse für Fachleute als auch als Lehrbeispiel für Nachwuchskämpfer dienen.

In Bildserien von vier bis teilweise acht Fotos ist festgehalten, wie die Spitzenkönner des Weltjudo mit ihren besten Techniken zum Erfolg kommen. Ihre Erfolge bei A-Turnieren, Welt- oder Europameisterschaften machen deutlich, welche Techniken sich gerade auf höchstem Niveau erfolgreich durchgesetzt haben. Sie geben mit ihren Techniken ein Beispiel dafür, wie Grundtechniken individuell angepasst und variiert werden müssen, damit sie der jeweils konkreten Situation entsprechend durchgeführt werden können. Die Eleganz und Kraft des Judo wird deutlich, wenn die Besten ihre spektakulärsten Würfe zeigen. Die Auswahl der Bilder erfolgte anhand der Statistik der Weltmeisterschaften 1999.

Auf diesem Hintergrund sind die in „Judo Top Action" vorgestellten Techniken gleich zweifach Spitzenklasse: Einerseits zeigen sie das erfolgreichste Judo der jeweiligen Ausführenden, andererseits wurden sie als Beispiele für die Techniken ausgewählt, mit denen man sich in der Weltspitze durchsetzen kann.

Die Techniken in diesem Buch werden in einer bestimmten Reihenfolge vorgestellt, die sich an folgenden Gesichtspunkten orientiert:

Zunächst werden die ‚Großen Techniken' präsentiert, Würfe, mit denen Kämpfe vorzeitig entschieden werden können und

Peter Schlatter (GER) wirft in der Klasse –65 kg bei der EM 1996 in Den Haag im Kampf um den 3. Platz Jaroslaw Lewak (POL) mit O-soto-gari und erhält einen Ippon.

EINLEITUNG

die im Zentrum des Wurfrepertoires der meisten Wettkämpfer stehen. Diese ‚Großen Techniken' sind einerseits nach ihrer Bedeutsamkeit im Spitzensport zusammengestellt worden, andererseits jedoch auch nach Merkmalen ihrer Bewegungsverwandtschaft. Je wichtiger eine Technik für Wettkampfsportler ist, umso mehr Varianten dieser Technik werden gezeigt; so ist es Absicht, dass Uchi-mata- und Seoi-nage-Variationen mehr Raum einnehmen als z.B. Tai-otoshi.

Ein weiterer Ordnungsaspekt bei der Zusammenstellung von Techniken waren methodische Überlegungen für Wettkämpfer. So folgen auf die ‚Großen Techniken' nach vorne – die im Unterricht der Anfänger auch überwiegend zu Beginn unterrichtet werden – ergänzende Sicheltechniken nach hinten. Wettkämpfer stellen ihre Würfe so zusammen, dass sich Reaktionen bzw. Bewegungen des Gegners in verschiedene Richtungen abdecken lassen.

Die nachfolgenden Techniken wurden danach zusammengestellt, wie sie sich im individuellen Kampfkonzept eines Kämpfers als notwendig erweisen. Wettkämpfer müssen in der Lage sein, möglichst alle (theoretisch) in einem Judokampf auftretenden Situationen mit ihrem technischen Repertoire abzudecken, um keine Lücke in ihrem ‚Technikarsenal' zu haben. Fußwürfe zum Stören, Kombinationen zum Verbinden von Würfen, zahlreiche Kontertechniken, Selbstfalltechniken für ‚Krisensituationen', Übergänge zum Boden usw. ergänzen die Haupttechniken nach vorne und hinten.

„Judo Top Action" ist ein Buch für alle, die Freude am Judosport haben und sich für die modernen Entwicklungen und Ausprägungen der Judotechnik interessieren.

„Judo Top Action" ist jedoch auch ein Buch über die großen Judopersönlichkeiten des aktuellen Judo. In Kurzporträts werden die wichtigsten Erfolge der jeweiligen Judoka zusammengefasst.

„Judo Top Action" ist nicht zuletzt auch ein Lehrbuch für Übungsleiter, Trainer und Wettkämpfer, die Anregungen für ihr Training, die Entwicklung ihrer Techniken oder die Zusammenstellung ihres Wurfrepertoires suchen.

„Judo Top Action" ist entstanden durch die freundschaftliche Zusammenarbeit von vier Fotografen, die ihre Liebe zum Judosport (alle sind Schwarzgurte in ihrem Sport!) und den Stolz auf gelungene Judoaufnahmen miteinander teilen.

Ich hoffe, dass „Judo Top Action" dem Leser diese Aspekte vermitteln kann und wünsche ein „lustvolles" Studium dieses Buches.

Ulrich Klocke

Toshihiko Koga (JPN) wirft auf dem Weg zu seinem dritten Weltmeistertitel Alexandru Ciupe (ROM) bei der WM 1995 in der Klasse – 78 kg mit einem von außen einge-drehten Schulterwurf und erhält einen Ippon.

EMOTIONEN BEI SIEG UND NIEDERLAGE

Wozu kämpfen wir?
Ist es die Beherrschung des Gegners?
Ist es der Stolz auf das eigene Können?
Lieben wir die Freude an der Bewegung?

Für die meisten von uns ist es das Gefühl von Sieg und Niederlage, das uns emotional mit dem Kämpfen verbindet. Und: die Gewissheit, beides für uns zu haben. Anders als in Mannschaftssportarten siegt und verliert jeder Judoka zunächst einmal für sich allein. Daher sind die Augenblicke der Entscheidung, das Ende eines Finalkampfes, Momente höchsten Glücks und tiefster Enttäuschung, auch – oder gerade weil – nicht unser Leben davon abhängt. Oder vielleicht doch? In einem großen Sieg bündeln sich die Anstrengungen vieler Jahre, zahlen sich Training, Einsatz und mentale Konzentration aus: man war – wenn auch nur für einen Tag – unbesiegbar! Eine Niederlage wirft uns zurück auf unsere Fehler und Schwächen. Sie zeigt deutlich, wo noch Lücken sind, macht klar, dass noch viel und harte Arbeit vor uns liegt. Wir waren unterlegen und müssen darüber nachdenken, warum.

All dies und noch mehr halten Bilder von den großen Momenten des Sieges und der Niederlage fest. Gesten, Mimik und Haltung werden als Körpersprache durch Fotos „eingefroren" und als „Momentaufnahmen" eines kurzen Augenblicks von Glück und Depression mit-teilbar.

> *„Alles für das Gewinnen und Verlieren aufs Spiel setzen, weil ich in dieser Hinsicht Judo als Spiegelbild des ganzen menschlichen Lebens sehe."*
>
> (Olympiasieger, Weltmeister und Alljapanischer Meister Isao Okano)

EMOTIONEN

*In Chul Cho (COR)
hat soeben im Finale
–78 kg bei den Weltmeisterschaften 1997 in Paris den
Franzosen Djamel Bouras
mit einem Fußfeger von den
Beinen geholt und zeigt,
dass er auch Hochspringer
hätte werden können.*

*Nach seinem
Haltegrifferfolg im
Finale –81 kg der WM 1999
gegen den Usbeken Farkhad
Turaev will der Brite
Graeme Randall zwar nicht
die Welt, wohl aber alle
Landsleute in Birmingham
umarmen.*

情

EMOTIONEN

感

„Unfassbar! Nicht zu glauben!", scheint Toshihiko Yoshida zu stammeln. Im vierten Anlauf wurde der Olympiasieger von 1992 –78 kg endlich auch Weltmeister – in der Klasse –90 kg.

„Mr. Supercool!": Der zweifache Weltmeister und Olympiasieger –65 kg, Udo Quellmalz (GER), hat beim Europacupfinale 1997 seinen Kampf –71 kg mit Ippon gewonnen und macht dies mit lässig erhobenem Zeigefinger deutlich.

Nuno Delgado (POR) führte den Samba als Siegestanz in den Judosport ein. Auf dem Weg zum Europameistertitel 1999 hat er im Halbfinale den Briten Graeme Randall nach deutlichem Rückstand noch besiegt.

In Chul Cho (COR) bejubelt den Ipponruf des Kampfrichters, der ihn zum Weltmeister –78 kg 1997 macht.

Es waren im WM-Finale –70 kg 1999 noch vier Sekunden zu kämpfen, als die belgische Olympiasiegerin Ulla Werbrouk (rechts) nach einem taktischen Fehler noch von Kubas Sibelis Veranes mit Ippon geworfen wurde. Während die temperamentvolle Kubanerin ihr Glück herausschreit, scheint Ulla über alle ihre Fehler und Schwächen nachzudenken.

Jessica Gal hat im Finale –56 kg die Ungarin Pekli mit einem Armhebel besiegt und ist Europameisterin 1996.

DIE GROSSEN TECHNIKEN

Unter großen Techniken versteht man solche Würfe, bei denen

■ ein großer Fall vorwärts (oder rückwärts) von Uke ausgeführt wird.

■ die Bewegungen von Tori eine große Bewegungsamplitude besitzen (d.h., der ganze Körper bewegt sich sichtbar mit einer großräumigen Bewegung).

■ die Technik mit einer hohen Durchschlagskraft durchgeführt wird, also eine große Wirksamkeit besitzt, d.h. relativ häufig zum Ippon führt.

■ die verwendete Wurftechnik oft als Tokui-waza (Lieblingstechnik, Spezialwurf) den Kern des Wurfrepertoires eines Wettkämpfers bildet.

■ eine spektakuläre, beeindruckende Wirkung entsteht.

Die großen Techniken bilden die „Seele des Judosports". Sie entscheiden sehr oft die wichtigen Kämpfe und sie machen ‚große' Judoka, deren Namen dann ganz eng in Verbindung mit den Techniken stehen, die sie berühmt und erfolgreich machten. Jeder kennt auch heute noch den gerollten Juji-gatame von Neil Adams, der ihn 1981 zum Weltmeistertitel führte. Japans Judolegende Yasuhiro Yamashita war berühmt für seinen schnellen Uchi-mata und seinen kraftvollen O-soto-gari. Katsuhiko Kashiwazaki, Leichtgewichtsweltmeister von Maastricht 1981, war ein Spezialist für Yoko-tomoe-nage und brillierte mit einer von ihm entwickelten Variante, dem Furiko (Pendel-) yoko-tomoe-nage.
Der Belgier Robert van der Walle wurde zum Judoidol durch seine gewaltigen Ausheber und Beingreiftechniken.
Auch heute noch beeindrucken die Judosportler nachhaltig vor allem durch die Techniken, mit denen sie gewinnen und meistens sind dies große Techniken: die japanischen Weltmeister von 1999, Shinichi Shinohara (+100 kg, Open), Kosei Inoue (–100 kg) und Hidehiko Yoshida (–90 kg) besiegten ihre Gegner mit spektakulären Uchi-mata. Bei den Frauen gilt die Belgierin Ulla Werbrouk als eine der besten Uchi-mata-Spezialistinnen weltweit. Toshihiko Koga, der japanische Olympiasieger und dreifache Weltmeister, war berühmt für seine variablen Schulterwürfe, die derzeit der Schweizer Sergei Aschwanden (–81 kg) perfekt zelebriert. Vor wenigen Jahren brachte der Russe Oleg Maltsev Kata-guruma als machtvollen Ausheber wieder in den Reigen der erfolgreichen großen Techniken und derzeit ist es die britische Weltmeisterin von 1997, Kate Howey, die ihm in dieser Hinsicht nachfolgt.

GROSSE TECHNIKEN

Marko Spittka (GER) wirft in der Trostrunde –90 kg beim Judo-World-Masters 2000 Jiri Sanda (CZE) mit Uchi-mata und erhält einen Ippon (voller Punkt).

Graeme Randall (GBR) wirft in der Klasse –81kg bei der WM 1999 Sergei Aschwanden (SUI) mit Ippon-seoi-nage und erhält einen Ippon (voller Punkt)

技

GROSSE TECHNIKEN

DIE INDIVIDUELLE KAMPFKONZEPTION

Die individuelle Kampfkonzeption im Stand

Die im folgenden aufgeführten Techniken bzw. technischen Lösungen sollte ein Wettkämpfer beim Erstellen seiner Kampfkonzeption beachten:

1. Eine große Technik nach vorne als Tokui-waza, Lieblings- oder Spezialtechnik (vgl. S. 16). Sie ist die stärkste Waffe, um im Wettkampf zum Erfolg zu kommen.

2. Eine große Technik zur anderen Körperseite, wodurch es für Uke schwerer wird, sich extrem falsch für den Spezialwurf zu stellen. Diese Technik sollte mit demselben Griff wie die Spezialtechnik möglich sein, wenigstens mit dem Griff am Kragen (oder Rücken, Nacken etc.), wie z.B. Sasae-tsuri-komi-ashi, Ippon-seoi-nage, (Sode-)Tsuri-komi-goshi.

3. Eine Ergänzungstechnik nach hinten (z.B. Ko-uchi-makikomi, Tani-otoshi, O-soto-gari, O-uchi-gari etc.). So kann man nach hinten werfen, wenn Uke die ganze Zeit den ‚Rückwärtsgang' einlegt, um die Vorwärtstechnik unmöglich zu machen.

4. Ein Fußwurf hilft, Uke zu stören, wenn dieser seinen Griff hat und mit seiner Spezialtechnik angreift. Aber er hilft auch, die eigenen großen Techniken vorzubereiten (z.B. Ko-uchi-gari, De-ashi-barai, Sasae-tsuri-komi-ashi etc.).

5. Selbstfalltechniken wie Tomoe-nage oder Sumi-gaeshi werden entweder als Spezialtechniken verwendet oder aber als Überraschungsmoment kurz vor Kampfende eingesetzt, wenn der Gegner müde wird und sich an die übliche Spezialtechnik ‚gewöhnt' hat.

6. Eine gute Kontertechnik wird Uke vorsichtiger angreifen lassen. Außerdem wird es für ihn gefährlich, mit einer Vielzahl von Scheinangriffen zu attackieren, wenn er weiß, dass ein Konter droht.

7. Eine ‚Ein-Hand-Technik' mit Griff am Kragen oder Ärmel benötigt man im modernen Judo, weil es Gegner gibt, die es nicht zulassen, dass man mit beiden Händen zufassen kann.

Die individuelle Kampfkonzeption am Boden

Im Übergang vom Stand zum Boden sollen folgende technisch-taktischen Aufgaben gelöst werden:

8. Die eigene Spezialtechnik am Boden weiterführen können.

9. Einen tiefen Seoi-nage im Übergang zum Boden kontern sowie

10. sich bei gegnerischen Kontern abdrehen können.

Aus dem Übergang zum Boden können sich folgende Situationen ergeben: a) Haltegriffe, b) die Bank-/Bauchlage, c) die Rückenlage und d) die Beinklammer.

Auch für diese vier Situationen sollte ein Kämpfer vielfältige und variable technisch-taktische Lösungen in seine Kampfkonzeption einbeziehen.

Während es zahlreiche Spitzenkämpfer gibt, die die Anforderungen an eine individuelle Kampfkonzeption im Stand erfüllen, gibt es kaum einen Spitzenjudoka, der alle technisch-taktischen Aufgaben am Boden souverän bewältigt. Dies liegt einerseits an der geringeren Bedeutung des Bodenkampfes im Vergleich zum Standkampf, andererseits aber auch an der größeren Komplexität des Bodenkampfes als solches.

KAMPFKONZEPTION

ALLGEMEINE KAMPFKONZEPTION

Der Standkampf (Tachi-waza)

Aus jeder der folgenden Wurfgruppen sollet ein Judokämpfer sich mindestens eine passende Technik für seine individuelle Kampfkonzeption heraussuchen!

DIE HAUPTTECHNIKEN

Ergänzungstechniken

4

Ein Fußwurf

6

Eine Kontertechnik

Eine Grosse Technik nach vorne

1

2

Eine Technik zur anderen Seite

Eine Technik nach hinten

Ergänzungstechniken

5

Eine Selbstfalltechnik

7

Eine ‚Ein-Hand-Technik'
(Kragen- oder Ärmelgriff)

Übergang zum Boden (Ne-waza)

Um den Übergang zum Boden erfolgreich zu gestalten, sollte ein Judokämpfer folgende taktischen Situationen mit mindestens einer geeigneten Technik lösen können:

8

Die eigene Spezialtechnik weiterführen

9

Einen tiefen Seoi-nage im Übergang kontern

10

Bei einem Konter den direkten Haltegriff vermeiden

UCHI-MATA (INNERER SCHENKELWURF)

Er gilt im Judo als die Judotechnik überhaupt: Uchi-mata, der innere Schenkelwurf, die wirksamste aller Judotechniken. Jeder Kämpfer kann Uchi-mata höchst wirksam und individuell verwenden. Dabei gibt es unzählige Varianten, die sich durch Körperhaltung, Griff, Art des Eindrehens, Körperkontakt, Bein-/Hüfteinsatz und die Wurfausführung unterscheiden.

Ein starker Armzug, kräftige Beine, gutes Gleichgewichtsgefühl, Beweglichkeit im Hüftgelenk, Dehnfähigkeit in der Beinrückseite sowie eine offensive Einstellung stellen die Grundvoraussetzungen für eine erfolgreiche Anwendung dieses Wurfes.

Gemeinsam sind allen Uchi-mata-Varianten die Eleganz der Bewegungsausführung und der zumeist spektakuläre ‚Abflug' des Gegners, die diesen Wurf zum ‚König aller Judowürfe' werden lassen.

a) Als **grifftechnische Vorbereitung** (Kumi-kata) sind vor allem zweiseitige Griffe üblich, bei denen beide Körperseiten von Uke kontrolliert werden, allerdings kann man auch mit einem einseitigen Diagonalgriff erfolgreich sein. Der klassische Ärmel-/Kragengriff wird eher selten verwendet und dann vor allem in Ai-yotsu- (d.h. gleicher Griff) Situationen. Bei gegengleichem Griff (Kenka-yotsu) wird mit dem kurzen Griff gerne auf dem Rücken gegriffen, entweder am Kopf vorbei oder unter dem Arm her (wie bei O-goshi). Kraftvolle Judoka kommen in dieser Situation auch mit einem Doppelreversgriff gut zurecht, wenn sie mit dem langen Griff den Ärmel des Gegners nicht kontrollieren können.
In Kenka-yotsu-Situationen ist es vorteilhaft, eine Überlegenheit zu besitzen, einen 2:1- oder 2:0-Griff, d.h. Tori hat mit einer (oder zwei) Hand (Händen) mehr gegriffen als Uke. So fällt das Gleichgewichtbrechen (Kuzushi) leichter.

b) Neben der **Schrittfolge und Schrittzahl bei der Überwindung der Distanz** beim Eindrehen (jap. Tsukuri) spielten vor allem die **Art des Körperkontakts** sowie der sich daraus ergebende **Bein-/Hüfteinsatz** eine wichtige Rolle für den Erfolg der Technik. Kann der Gegner eng am eigenen Oberkörper angebunden werden, so entwickelt sich häufig ein Uchi-mata mit Hüfteinsatz (Koshi-uchi-mata), erfolgt der Armzug eher nach vorne unten und bleibt ‚Luft' zwischen den Kontrahenten, so sieht man einen Uchi-mata mit stärkerem Beineinsatz (Ashi-uchi-mata).

c) Bei der **Wurfausführung** lässt sich das klassische Ausheben (*den Gegner mit der Beinrückseite in die Luft wirbeln*), Kippen (*den Gegner durch Anheben des nahen Beines über sein Standbein nach vorne drehen*) oder Abrollen lassen (*Oberkörper und Schwungbein bilden eine fast gerade Stange, um/über die der Gegner ‚abgerollt' wird*) unterscheiden. Natürlich können auch Kombinationen dieser Wurfprinzipien verwendet werden oder alle genannten Prinzipien sich in einer Wurfaktion bündeln.

UCHI-MATA

„**Der Erfolg ist
im Wortsinne
atemberaubend – für
die Beteiligten
und die Zuschauer in
gleicher Weise.**"
(Hitoshi Sugai, Weltmeister -95 kg,
1985, 1987)

*Atsuki Nagai (JPN)
wirft beim Tournoi
Internationale de la Ville
de Paris 2000 (kurz
Tournoi de Paris oder TdP
genannt) im Finale –48 kg
Frederique Jossinet (FRA)
mit Uchi-mata und erhält
einen Ippon (voller
Punkt).*

UCHI-MATA

UCHI-MATA

(innerer Schenkelwurf)

Ulla Werbrouk (BEL) wirft im Halbfinale –70 kg der Europameisterschaften 1999 Teyana Byelyayeva (UKR) mit Uchi-mata mit Kragen-/Gürtelgriff und erhält einen Ippon (voller Punkt).

Im Halbfinale der EM 1999 stand Ulla Werbrouk (BEL) mit der Ukrainerin Teyana Byelyayeva eine 'Angstgegnerin' gegenüber, gegen die sie schon mehrfach verloren hatte. Über die Hälfte der Kampfzeit konnte Ulla keine Wertung erzielen, ehe ihr dann noch am Mattenrand eine ungewöhnliche Variante ihrer Spezialtechnik Uchi-mata (innerer Schenkelwurf) gelang.

In Kenka-yotsu (gegengleicher Kampfauslage) hat die Belgierin mit dem rechten Arm über den Arm ihrer Gegnerin hinweg in den Gürtel fassen können und durch den starken Druck beim Eindrehen deren Rückengriff gesprengt.

So kann die Ukrainerin die Eindrehbewegung nicht mehr stoppen, wird stark nach vorne abgebeugt und durch das hochschwingende rechte Bein von Ulla Werbrouk kraftvoll über den Kopf auf den Rücken geworfen.

Auch wenn die Kämpferinnen in der Schlussphase leicht außerhalb der Matte kommen, ist diese Aktion deutlich sichtbar innerhalb.

UCHI-MATA

PORTRÄT

Ulla Werbrouk (BEL)

- Olympiasiegerin
  –72 kg 1996
- WM-Silber
  –70 kg 1999
- WM-Bronze
  –72 kg 1997
- Europameisterin
  –70 kg 1999, 1998,
- Europameisterin –72 kg
  1997, 1996, 1995, 1994
- EM-Silber
  –72 kg 1993, 1992
- EM-Bronze
  –70 kg 2000
- EM-Bronze
  –72 kg 1991 1990, 1989

UCHI-MATA

UCHI-MATA

(innerer Schenkelwurf)

Hidehiko Yoshida (JPN) wirft im Finale –90 kg der WM 1999 Victor Florescu (MDL) mit Uchi-mata mit Abrollenlassen aus dem Doppelreversgriff und erhält einen Ippon (voller Punkt).

Mit kraftvollem Armzug beider Armen am Revers des Gegners hat der Japaner seinen Finalgegner eng an sich herangezogen und gleichzeitig sein linkes Bein zwischen den Beinen Florescus nach oben geschwungen.

Eine weite Grätsche und Abstützen mit dem linken Fuß helfen nur kurz, denn Yoshida verbessert beim Nachspringen den Hüftkontakt und durch Armzug den Oberkörperkontakt.

Auch Abstützen mit dem Arm nützt wenig, denn der Schwung des Wurfs bringt Florescu auf den Rücken und Yoshida den Titel.

Bemerkenswert ist bei dieser Wurfausführung der abgeknickte linke Unterschenkel und der Fußeinsatz, mit dem Yoshida verhindert, dass ein einmal ausgehobener Gegner sein angegriffenes Bein durch Ausweichen wieder befreien kann.

Nur weil Yoshida mit seinem linken Unterschenkel und Fuß das Bein der Gegner regelmäßig einklemmt, kann er diese mit dem eigentlich ungünstigen Doppelreversgriff über die abstützende linke Hand drehen und werfen.

3

4

Hidehiko Yoshida (JPN)

- Olympiasieger
  –78 kg 1992
- Weltmeister
  –90 kg 1999
- WM-Silber
  –86 kg 1995
- WM-Silber
  –78 kg 1993
- WM-Bronze
  –78 kg 1991
- 1. Pl. Tournoi de Paris
  –86 kg 1995, 1993

UCHI-MATA

UCHI-MATA

(innerer Schenkelwurf)

Shinichi Shinohara (JPN) wirft im Halbfinale der Offenen Klasse der WM 1999 Jerome Dreyfuss (FRA) mit Ken-ken Uchi-mata mit Ärmel-/Schultergriff und erhält einen Ippon (voller Punkt).

Bei diesem Uchi-mata mit Nachhüpfen („Ken-ken") zeigt Doppelweltmeister Shinohara neben dem starken Armzug auch gutes Gleichgewichtsgefühl beim Verbessern der Wurfsituation durch ständiges Nachhüpfen, bei dem Dreyfuss seinen Stand auf dem linken Fuß nicht mehr beibehalten kann und auf den Rücken gekippt wird.

Bemerkenswert bei dieser Wurfausführung ist das starke Abknicken des Oberkörpers von Shinohara, wodurch er seinen Gegner mit starkem Armzug ebenfalls nach vorne abknicken kann.

Der stark gebeugte Oberkörper des Gegners stellt die wichtigste Voraussetzung für die erfolgreiche Anwendung dieser Uchi-mata-Variante dar.

UCHI-MATA

3

4

Shinichi Shinohara (JPN)

- Olympia-Silber
  +100 kg 2000
- Weltmeister
  +100 kg 1999
- Weltmeister
  Open 1999
- WM-Silber
  +95 kg 1997
- Alljapanischer Meister
  1999, 2000

UCHI-MATA

UCHI-MATA-MAKIKOMI

(eingerollter innerer Schenkelwurf)

Shunxian Zhao (CHN) wirft im Finale des Judo-World-Masters 2000 –48 kg Amarilis Savon (CUB) mit Uchi-mata-makikomi und erhält einen Ippon (voller Punkt).

Shunxian Zhao war die Außenseiterin im Finale –48 kg des Judo-World-Masters 2000. Vier Mal hatte ihre Gegnerin, die dreifache Vizeweltmeisterin Amarilis Savon (CUB), schon dieses Turnier gewonnen.

Doch eine ungewöhnliche Uchi-mata-Variante brachte der jungen Chinesin den Sieg.

Aus einem Linksgriff hat sich die Chinesin zu Uchi-mata eingedreht, was Savon auch durch Gegenhalten mit ihrer rechten Hand nicht verhindern kann.

Denn die Chinesin hat den blockierten linken Arm einfach nach vorne oben gehoben und ist somit aus der Kraftrichtung der Kubanerin herausgegangen.

Der Zug am linken Arm der Kubanerin ist so stark, dass diese nicht stehen bleiben kann, als sich Shunxian Zhao über ihre linke Schulter einrollt („makikomi" = einrollen). Savon wird gezwungen, über Kopf und Nacken mitzurollen und landet – durch das linke Schwungbein der Chinesin kontrolliert – auf dem Rücken.

Schon im Abrollen nimmt die Chinesin Blickkontakt mit dem Fotografen auf, denn sie weiß, dass diese Aktion ihr ihren ersten großen Titel brachte.

UCHI-MATA

4

5

6

Shunxian Zhao (CHN)

- 1. Platz Judo-World-Masters
  –48 kg 2000

UCHI-MATA

UCHI-MATA

(innerer Schenkelwurf)

Hyuk Kim (KOR) wirft im Finale –65 kg der WM 1997 Larbi Benboudaoud (FRA) mit Uchi-mata mit Rückengriff aus extremem Kenka-yotsu und erhält einen Ippon (voller Punkt).

Durch eine extrem blockende, abgebeugte und vertiefte Körperhaltung versucht Larbi Benbodaoud im Finale –65 kg der WM 1997 dem gewaltigen Armzug seines koreanischen Gegners zu widerstehen.

Ob Hyuk Kim dem ‚Technikflüsterer auf dem Trainerstuhl' folgte, ist ungewiss. Jedenfalls brachte der nachfolgende Uchimata-Ansatz, den der Koreaner gegen den äußersten Widerstand seines Gegenübers durchsetzen konnte, die Entscheidung.

Begleitet von mehrfachem Nachhüpfen und kraftvollem Armzug wird Benbodaoud in eine Kreisbewegung versetzt, die für ihn in Rückenlage endet.

Der Ippon bringt Hyuk Kim den WM-Titel und den einzigen ganz großen Erfolg seiner Karriere.

Bemerkenswert ist die ‚begleitende' Arbeit seines Trainers, der neben dem ‚Job als Zuflüsterer' (1) auch als ‚Gymnast' (2) ‚Moderator' (3) und ‚Kampfrichter' (5) während dieser Wurfsequenz tätig war.

1

2

3

UCHI-MATA

PORTRÄT

Hyuk Kim (KOR)

* Weltmeister
  –65 kg 1997
* 3. Pl. Tournoi de Paris
  –65 kg 1997

UCHI-MATA

SEOI-NAGE (SCHULTERWURF)

Seoi-nage ist nicht nur eine der erfolgreichsten und vielseitigsten Wettkampftechniken. Er zählt auch zu den Würfen, die jeder Judoka in einem recht frühen Stadium seiner Laufbahn erlernt.

Weil man fest auf beiden Beinen steht, kann man mit dem Partner auf dem Rücken gut das Gleichgewicht halten. Die Kontrolle über den Partner ist durch den großflächigen und engen Körperkontakt sehr gut.

Seoi-nage lässt sich in alle Bewegungsrichtungen (vorwärts, rückwärts, rechts oder links, im Kreis nach rechts oder links) und mit vielfältigen Eingängen ausführen.

Im Wettkampf wird die Technik mit zahlreichen unterschiedlichen Beinstellungen und -beugungen ausgeführt: Seoi-nage auf beiden Knien, auf einem Knie, in der tiefen Hocke mit Aufrichten oder stehend. Er wird mit normaler oder breiter Beinstellung sowie in Schrittstellung ausgeführt. Die Namen für diese Varianten sind nicht einheitlich. Seoi-otoshi, Suwari-seoi, ‚Knee drop', ‚Dropping seoi' bezeichnen oft dieselbe Variante oder auch gänzlich verschiedene Wurfideen.

Der Geworfene hat bei einem guten, schnell ausgeführten Schulterwurf das Gefühl, als ob sein Gegner einfach vor ihm verschwindet, um danach zwischen seinen Beinen wieder aufzutauchen und ihn durch die Luft zu wirbeln. Ein guter Seoi-nage ist unwiderstehlich – er zieht einem im Wortsinne die Beine weg!

Durch Variation der Grifftechnik kann man Morote-seoi-nage (Schulterwurf mit beiden Händen), Ippon-seoi-nage (Punktschulterwurf) und Eri-seoi-nage (Kragenschulterwurf) unterscheiden.

Morote-seoi-nage (Schulterwurf mit beiden Händen) wird vor allem von Spezialisten geworfen, die eine für diesen Wurf notwendige Beweglichkeit mit entsprechender Kraft im Arm- und Schulterbereich paaren. Nachdem der Wurf lange Jahre relativ selten geworden war, haben sich nach der regelbedingten Vergrößerung der Judojacken – vor allem in Japan – wieder einige Spitzenkämpfer für diesen Wurf entschieden.

Ippon-seoi-nage (Punktschulterwurf) ist eine beliebte Ergänzungstechnik zur „anderen Seite" als der Spezialwurf. Dies wird durch den einhändigen Griff beim Wurfansatz ermöglicht. Ob groß oder klein, leicht oder schwer, muskelbepackt oder eher geschmeidig – für jeden Kämpfertyp findet sich eine geeignete und angepasste Ausführungsvariante.

Eri-seoi-nage (Schulterwurf mit Griff einer oder beider Hände einseitig am Kragen) hat in den letzten beiden Jahren durch die veränderten Wettkampfregeln (schnelle Bestrafung bei Passivität und größere Judoanzüge) enorm an Popularität gewonnen. Man kann diesen Wurf überraschend und schnell ansetzen, wenn man die zweite Hand im Ansatz zur Eindrehseite an den Kragen bringt, ganz gleich, ob man zuvor am Ärmel oder schon am selben Kragen gegriffen hat. Dadurch entsteht ein sehr großer Zug mit beiden Armen nach vorne, enger Körperkontakt und hoher Angriffsschwung.

SEOI-NAGE

Die Olympiasiegerin von Sydney 2000 und vierfache Weltmeisterin Ryoko Tamura (JPN) wirft in der Klasse –48 kg bei den Weltmeisterschaften 1995 in Makuhari ihre Gegnerin mit Eri-seoi-nage, jedoch ohne Erfolg.

Graeme Randall (GBR) wirft im Halbfinale –81 kg der EM 1999 in Bratislava Nuno Delgado (POR) mit Eri-seoi-nage (Schulterwurf mit beiden Händen am Kragen) und erhält einen Yuko (eine mittlere Wertung).

„Ich liebte Seoi-nage bis zu einem Punkt von Besessenheit!"

(Hidetoshi Nakanishi, der mit Seoi-nage 1983 Weltmeister –71 kg wurde)

SEOI-NAGE

IPPON-SEOI-NAGE

(Punktschulterwurf)

Hua Yuan (CHN) wirft Mayumi Yamashita (JPN) im Halbfinale und Sandra Köppen (GER) im Finale +78 kg des TdP 2000 mit Ippon-seoi-nage stehend und erhält jeweils einen Ippon (voller Punkt).

Wie die schwergewichtige und äußerst athletische chinesische Olympiasiegerin von Sydney 2000, Hua Yuan, ihre teilweise kleineren und schwereren Gegnerinnen mit einem stehenden Ippon-seoi-nage wirft, ist sehens- und bemerkenswert.

Während sie im Halbfinale ihre japanische Gegnerin Yamashita noch über deren rechte Schulter abrollt (Bilder 1-3), donnert sie im Finale die Deutsche Sandra Köppen flach auf den Rücken (Bilder A-C).

Vorausgegangen war in beiden Fällen eine blitzschnelle Körperdrehung, verbunden mit einem enormen Armzug am Kragen der Gegnerinnen. Beim Eindrehen kann die Chinesin ihre Kontrahentinnen dann mit der rechten Schulter/dem rechten Oberarm unter der Achsel so stark anheben, dass diese trotz eines Körpergewichts von teilweise deutlich über 120 kg vollständig von den Beinen gehoben werden.

Voraussetzungen für eine solche Wurfausführung sind neben einer starken Bein- und Armmuskulatur vor allem eine ausgeprägte Rumpfmuskulatur (Bauch und Rücken), die die Kräfte übertragen hilft.

SEOI-NAGE

PORTRÄT

Hua Yuan (CHN)

- Olympiasiegerin
  +78 kg 2000
- WM-Silber
  +78 kg 1999
- WM-Bronze
  +72 kg 1997
- 1. Pl. Tournoi de Paris
  +78 kg 2000

SEOI-NAGE

Kosei Inoue (JPN)

- Olympiasieger
  –100 kg 2000
- Weltmeister
  –100 kg 1999
- 1. Platz TdP
  –100 kg 2000

ERI-SEOI-NAGE

(Kragenschulterwurf)

Kosei Inoue (JPN) wirft beim Tournoi de Paris 2000 in der Klasse –100 kg Armen Bagdasarov (UZB) mit Eri-seoi-nage und erhält einen Ippon (voller Punkt).

Der japanische Olympiasieger von Sydney 2000 und Weltmeister –100 kg von 1999, Kosei Inoue, war auch zu Beginn des Jahres 2000 eine Augenweide.
Beim Tournoi de Paris im Februar 2000 siegte er vier Mal vorzeitig gegen die Weltelite. In Runde drei war Armen Bagdasarov (UZB) auf den brillanten Uchi-mata des 20-jährigen Japaners eingestellt. Offensichtlich hatte er die Videos der WM 1999 studiert, denn wenige Sekunden zuvor, als ihn Inoue blitzschnell in die Luft wirbelte, hatte er mit Geschick (Abstützen mit der Hand und Abdrehen auf den Bauch) und Glück (Inoue konnte den Kragengriff nicht halten) eine vorzeitige Niederlage vermieden. Er war also gewarnt!

Inoue aber greift sofort wieder an, diesmal nicht mit dem erwarteten Uchi-mata. Stattdessen taucht er unter dem mit festem Bauch verteidigenden Usbeken in einen tiefen 'Eri-seoi-nage, bevor Bagdasarov auch nur hat zufassen können. Dem tiefen Unterlaufen folgt eine explosive Streckung der Beine und ein starker Armzug nach unten. Während Inoue noch durch die Luft zu schweben scheint, ist Bagdasarov schon flach auf dem Rücken gelandet. Wie die im Hintergrund laufende Uhr zeigt, hat die ganze Wurfaktion nicht einmal eine Sekunde gedauert.

SEOI-NAGE

1

2

3

4

1

2

3

ERI-SEOI-NAGE

Kosei Inoue (JPN) wirft im Finale der Klasse –100 kg beim Tournoi de Paris 2000 Stephane Traineau (FRA) mit einem Ippon (voller Punkt).

Wiederum wirbelt Inoue seinen Gegner mit einem seiner unglaublich schnellen Uchi-mata hoch in die Luft, wiederum kann sich der Gegner herauswinden und abdrehen.

Und wieder bringt ein unmittelbar darauf folgender tiefer Eri-seoi-nage das Ende des Kampfes. Bevor der Gegner zufassen kann, ergreift Inoue den rechten Ärmel und das rechte Revers seines Gegners. Ohne Griff ist es nicht möglich zu verteidigen, zumal die hohe Körperspannung (zur Verteidigung gegen den erwarteten Uchi-mata) die Gegner wie Bretter nach vorne auf den Rücken des Japaners fallen lässt.

Während der 34-jährige Stephan Traineau noch darüber nachdenkt, wie dies alles geschehen konnte, genießt Inoue den Augenblick des Sieges.

SEOI-NAGE

MOROTE-SEOI-NAGE

(beidhändiger Schulterwurf)

Manuolo Poulot (CUB) wirft beim Kampf um Platz 3 –60 kg des Judo-World-Masters 2000 Johan Hult (SWE) mit Morote-seoi-nage auf beiden Knien und erhält einen Ippon (voller Punkt).

Nur wenige Sekunden dauerte die Hoffnung des Schweden Johan Hult beim Judo-World-Masters 2000, seinen ersten großen internationalen Erfolg zu feiern.

Der amtierende Weltmeister –60 kg, Manuolo Poulot (CUB), hatte sich nur Sekunden nach Kampfbeginn schon einen Zweihandgriff an Ärmel und Kragen gesichert, noch bevor Hult mit seiner zweiten Hand zufassen konnte.

So eine Chance (2:1-Griffüberlegenheit) lässt sich ein Weltmeister nicht entgehen. Blitzschnell hat er den Schweden nach vorne oben gezogen und ist dann tief auf beiden Knien zwischen dessen Beinen verschwunden. Zug mit beiden Armen nach vorne unten, Streckung des linken Beines und Rotation des Oberkörpers lassen den völlig aus dem Gleichgewicht gebrachten Schweden auf den Rücken krachen.

Kubas Nationalcoach der Männer kann nach acht Sekunden Kampfzeit eine weitere Medaille innerhalb der Europatour der Karibikjudoka verbuchen.

SEOI-NAGE

3

Manuolo Poulot (CUB)

- Olympia-Bronze
  –60 kg 2000
- Weltmeister
  –60 kg 1999
- 1. Pl. Judo-World-Masters
  –60 kg 1999
- 2. Pl. Tournoi de Paris
  –60 kg 2000
- 3. Pl. Judo-World-Masters
  –60 kg 2000

4

SEOI-NAGE

IPPON-SEOI-NAGE

(Punktschulterwurf)

David Somerville (GBR) wirft –66 kg bei den Europameisterschaften 1998 in Oviedo (ESP) Sholhin Arzomonov (AZE) mit Ippon-seoi-nage links auf einem Knie und erhält einen Ippon (voller Punkt).

Somerville hat beim Ansatz seinen Gegner tief unterlaufen und auf den Rücken genommen, indem er sich mit dem linken Knie auf dem Boden abstützt.

Aus dieser Position kann er sich mit der Kraft des gebeugten rechten Beines wieder aufrichten und den Aserbaidschaner dabei vollständig ausheben.

Nun zieht er seinen Gegner an dessen linken Arm kraftvoll nach unten.

Durch das hohe Abwerfen hat Arzomonov keine Chance, sich mit der Hand abzustützen, um zur Verteidigung eine Radwende auszuführen. Somerville streckt sein Gesäß nach hinten oben, zieht mit beiden Händen den Gegner nach vorne unten und erzielt dadurch einen spektakulären Ippon.

SEOI-NAGE

4

5

David Somerville (GBR)

- mehrfacher Britischer
  Meister
- 7. Platz EM
  –66 kg 1999

技

SEOI-NAGE

ERI-SEOI-NAGE

(Kragenschulterwurf)

Ki Young Jeon (KOR) wirft bei den Weltmeister-schaften 1997 in der Klasse –86 kg Keith Morgan (CAN) mit Eri-seoi-nage und erhält einen Ippon (voller Punkt).

Ganz tief ist Jeon unter dem Kanadier wegge-taucht, wobei er nur auf sein linkes Knie gegan-gen ist.

So kann er sich durch Streckung des rechten Beines explosiv aufrichten und Keith Morgan durch Körperstreckung und -drehung auf den Rücken werfen.

Während Yeon seinen dritten Weltmeistertitel ansteuert, wird Morgan über die Trostrunde Siebter.

Ki Young Jeon (KOR)

- Olympiasieger
  –86 kg 1996
- Weltmeister
  –86 kg 1997
- Weltmeister
  –86 kg 1995
- Weltmeister
  –78 kg 1993

SEOI-NAGE

ERI-SEOI-NAGE

(Kragenschulterwurf)

Alexsander Guedes (BRA) wirft –81 kg beim Judo-World-Masters 2000 in München Sergei Aschwanden (SUI) mit Eri-seoi-nage auf beiden Knien und erhält einen Ippon (voller Punkt).

„Fische fängt man im Wasser!", pflegte der langjährige deutsche Bundestrainer Han Ho San oft als Hinweis darauf zu geben, wie man sich taktisch auf einen Gegner einzustellen habe.

Alexsander Guedes beachtete die asiatische Weisheit, als er den Schweizer Schulterwurfspezialisten Sergei Aschwanden mit einem tiefen Eri-seoi-nage von den Beinen holte.

Zum Wurfansatz ist der brasilianische Militärweltmeister von 1999 auf beide Knie gesprungen, wobei er das Gewicht stärker auf das rechte Knie legt, um das linke Bein vom Gewicht des Gegners zu entlasten. Dadurch kann er nämlich die Abwurfbewegung mit einer Beinstreckung aus dem linken Bein in dem Augenblick unterstützen, wo er den Gegner nach vorne über die Schulter abrollt.

Verbunden mit einem starken Armzug erhält der Wurf so in der Schlussphase die Dynamik, die man benötigt, um den Kampfrichter zunächst zu erstaunen und dann zu einem „Ippon!"-Ruf zu veranlassen.

Alexsander Guedes (BRA)

- Militärweltmeister
  –81 kg 1999
- 2. Pl. Judo World Masters
  –81 kg 2000

SEOI-NAGE

„VON AUSSEN" EINGEDREHTE WÜRFE

Englands Judoidol Neil Adams kommentierte 1989 im Halbfinale der WM –78 kg eine Aktion des späteren Weltmeisters Toshihiko Koga (JPN) mit den Worten: „So eine Technik habe ich noch nie gesehen!", und machte diese Aktion zum „tollsten Wurf der Weltmeisterschaften".

Was war geschehen? Erstmals war in einem wichtigen Kampf ein Schulterwurf mit nur einer Hand ausgeführt worden und Toshihiko Koga hatte die Technik gezeigt, die in den folgenden Jahren zu seinem Markenzeichen werden sollte: der von außen eingedrehte Schulterwurf mit nur einem Griff am Judogi des Gegners.
Die Gegner standen zunächst vor einem Rätsel, wie man diesen blitzschnellen und scheinbar in allen Situationen anzuwendenden Angriffen entkommen könnte.

Bei der nächsten WM 1991 brillierte Koga mit bis dahin in dieser Perfektion und Schnelligkeit noch nie gesehenen Schulterwürfen, die er sowohl von außen als auch von innen eindrehte, mit Griff am Kragen oder am Ärmel.

Auch seinen dritten WM-Titel, den er 1995 in seiner Heimat in Makuhari (diesmal –78 kg) gewann, verdankte Koga seinem Lieblingswurf. Im Finale gewann er dann allerdings gegen den Israeli Smadja, der sich auf die gleichen Würfe spezialisiert hatte, mit einem hohen Ippon-seoi-nage.

Mittlerweile gehören von außen eingedrehte Techniken ins Repertoire fast aller Kämpfer auf Weltniveau. Mit der weltweiten Verbreitung erfolgte auch eine Variationsbreite in der Ausführung, die Mischformen von Seoi-nage und Kata-guruma (Schulterwurf und Schulterrad), aber auch Mischungen von Schulterwürfen und Hebezughüftwürfen (Tsuri-komi-goshi bzw. Sode-tsuri-komi-goshi) erfolgreich werden ließen.

Doch haben auch alle diese Mischformen die Grundidee der Schulterwürfe beibehalten: *„Durch Eindrehen auf beiden Beinen wird der Gegner auf den Rücken geladen und durch Beinstreckung und Armzug in einer großen Bewegung abgeworfen."*

Verändert haben sich
■ die Art des Greifens (Kumi-kata),
■ die Richtung des Eindrehens,
■ die Art und Weise, wie der Gegner auf dem Rücken liegt sowie
■ die Richtung des Abwerfens.

Je nachdem, wie der Angreifer diese Technikelemente gestaltet, wird der Wurf eher ein Seoi-nage, ein Tsuri-komi-goshi oder ein Kata-guruma sein.

Der Europameister 2000 –81 kg, Sergei Aschwanden (SUI), attakiert beim Judo-World-Masters 1999 mit einem von außen einge-drehten Schulterwurf mit Griff am Ärmel.

Stefan Dott (GER), zwei Mal Olympia-fünfter (1992 –71 kg, 1996 –78 kg) mit einem von außen eingedrehten Schulterwurf mit doppeltem Kragengiff.

WÜRFE

VON AUSSEN EINGEDREHTER SCHULTERWURF

Graeme Randall (GBR) wirft in der Klasse –81 kg bei der EM 1998 Guerman Abdoulaev (RUS) mit von außen eingedrehtem Schulterwurf und erhält einen Ippon (voller Punkt).

Auch bei dieser Aktion wird das Prinzip der von außen eingedrehten Schulterwürfe deutlich: Durch Anheben des am Ärmelende festgelegten Arms wird bei gleichzeitigem Eindrehen von außen der Gegner quer auf den Rücken genommen.

Allerdings hat sich Randall bei dieser Variante auf sein rechtes Knie absinken lassen statt, wie üblich, den Gegner im Stehen aufzuladen.

Nun zieht er Abdoulaev am Ärmel nach vorne unten, wobei er das ausweichende Bein mit dem linken Arm einklemmt. Nun ist die linke Körperseite des Russen vollständig festgelegt und Graeme Randall kann Abdoulaev durch einen 'Purzelbaum' vorwärts auf den Rücken rollen.

Auch wenn die 'Puristen' des Judo dies für keine 'klassische' Wurftechnik halten: Randall erhält für seine 'Schulterwurfrolle' einen Ippon, einen vollen Punkt und kann jubeln.

WÜRFE

4

5

6

Graeme Randall (GBR)

- Weltmeister –81 kg 1999
- 3. Pl. EM –81 kg 1999
- 5. Pl. WM –78 kg 1997
- 2. Pl. Judo World Masters –81 kg 1998
- 3. Pl. Judo World Masters –81 kg 1999

WÜRFE

VON AUSSEN EINGEDREHTER SCHULTERWURF

Toshihiko Koga (JPN) wirft –78 kg beim Judo-World-Masters 1995 Uwe Frenz (GER) mit einem Ippon (voller Punkt).

Am untersten Ende des Ärmels hat Koga den linken Arm des Deutschen Meisters von 1995, Uwe Frenz, ergriffen und sich von außen eingedreht.

Die Hüfte weit durchgeschoben, zieht Koga sehr stark am kontrollierten Arm nach vorne unten und kann den Deutschen durch Strecken des linken Beins und weiteren Armzug ausheben.

Frenz wird durch die Luft gewirbelt und zu einer Vorwärtsrolle über seinen linken Arm gezwungen.

Koga unterstützt die Abwurfbewegung durch einen Griff in die Kniekehle des linken Beins von Frenz. Über seine rechte Schulter macht Koga nun eine Art ‚Salto vorwärts', wobei er weiter am fixierten Arm zieht und engen Körperkontakt herstellt.

Frenz wird flach auf den Rücken geworfen, wobei Koga – bedingt durch den engen Kontakt – auf ihm landet.

Der Kampf ist vorbei. Koga setzt seine Rollbewegung fort und hat den Kampf gewonnen.

WÜRFE

PORTRÄT

Toshihiko Koga (JPN)

- Olympiasieger
  –71 kg 1992
- Olympia-Silber
  –78 kg 1996
- Weltmeister
  –71 kg 1989, 1991
- Weltmeister
  –78 kg 1995
- WM-Bronze
  –71 kg 1987

WÜRFE

SODE-TSURI-KOMI-GOSHI

Amarilis Savon (CUB) wirft –48 kg beim TdP 2000 Mariana Martins (BRA) mit Sode-tsuri-komi-goshi und erhält einen Yuko (mittlere Wertung).

Aus einem Rechtsgriff hat sich die schlanke Kubanerin blitzschnell nach links eingedreht und durch den Druck mit der linken Hand gegen den rechten Arm von Mariana Martins deren Griff gelöst.

Um den beabsichtigten Hüfteinsatz für die Linkstechnik zu verbessern, hebt Amarilis Savon ihr linkes Bein wie bei einem Uchimata.

Da sie jedoch die Hüfte beim Ansatz leicht überdreht hatte (d.h. zu weit), geht der Krafteinsatz der Hüfte ins Leere.

Dennoch kann sie durch den starken Zug mit beiden Armen und eine energische Körperdrehung die Brasilianerin auf die Körperseite drehen und eine mittlere Wertung erzielen.

Amarilis Savon (CUB)

- Olympia-Bronze
  –48 kg 1992, 1996
- WM-Silber
  –48 kg 1999, 1997
- WM-Bronze
  –48 kg 1995
- 1. Pl. Judo World Masters
  –48 kg 1999, 1998, 1997,
  1996
- 1. Pl. Tournoi de Paris
  –48 kg 1999, 1996

WÜRFE

KATA-GURUMA (SCHULTERRAD)

Kata-guruma hat seit einigen Jahren wieder enorm an Popularität gewonnen. Oleg Maltsev (RUS) setzte mit seinem wunderbar kraftvollen Finalkracher bei der EM 1994 in Danzig den klassischen, hoch ausgehobenen Kata-guruma wieder ins Rampenlicht und wies mit dieser Aktion auf die Bedeutung und Wirksamkeit dieser traditionellen Wurftechnik hin.

Im Frauenjudo war es die Britin Kate Howey, die mit ihren gewaltigen Aushebern (Morote-gari und Kata-guruma) zeigte, dass athletische Elemente nicht nur dem ‚starken' Geschlecht vorbehalten sind. Spätestens mit ihrer Kata-guruma-Kombination im Finale der WM 1997 gegen die Deutsche Anja von Rekowski machte sie das hoch ausgehobene Schulterrad auch bei den Damen populär.

Amiran Totikashvili, der Leichtgewichtsweltmeister aus Georgien, hatte schon 1989 bei der WM in Belgrad mit einer anderen, flach ausgeführten und tief angesetzten Variante des Schulterrads für Aufsehen gesorgt.

In Europas Westen hatten die belgischen Brüder Johan und Philip Laats den ‚Laats-Abtaucher' bekannt gemacht, eine Mischung aus Kata-guruma und Yoko-otoshi. Zunächst waren die belgischen Brüder sozusagen ‚Exoten' im Judo Westeuropas, zählte man diese Würfe doch eher zu den ‚Ringertechniken', die man vor allem von den Sambokämpfern aus Europas Osten erwartete.

Tatsächlich waren es vor allem die georgischen Judoka, wie der kleine Europameister –60 und –71 (!!) kg, Georgi Vazagachvili, oder der Olympiadritte –78 kg von Atlanta 1996, Soso Liparteliani, die geschickt und variantenreich mit ‚Abtauchern' erfolgreich waren.

Mittlerweile gehören ‚Abtauchtechniken' fast zum Standardrepertoire eines jeden Judoka mit Ambitionen. Denn als Ergänzungstechnik zur anderen Seite, also zu der Seite, wo man Kragen, Nacken oder Schulter greift, haben sich die Kata-guruma-Abtaucher außerordentlich bewährt.

In allen Gewichtsklassen der Männer und zunehmend auch in allen Klassen der Frauen finden sich Judoka auf Spitzenniveau, die diese Würfe erfolgreich ausführen.
Zu Letzteren zählen derzeit die Europameisterin +78 kg von 1999, Irina Rodina (RUS), und Belgiens vielfache Europameisterin und Weltmeisterin von 1993, Gella Vandecaveye.

Mit der Verbreitung und zunehmenden Akzeptanz dieser Techniken hat sich Kata-guruma einen Spitzenplatz unter den erfolgreichsten Wurftechniken der Judowelt bei den Männern erobert.

Ob stehend, auf einem oder beiden Knien oder im Hürdensitz, ob mit einseitigem Griff über die Schulter, am Ärmel oder am Kragen, ob die zweite Hand nun das Bein oder den Arm greift, parallel oder diagonal, ob man den Gegner zur Seite, nach vorne oder sogar nach hinten abwirft, spielt mittlerweile keine Rolle mehr – so zahlreich und an die unterschiedlichen Voraussetzungen angepasst, haben sich die Varianten entwickelt.

KATA-GURUMA

Oleg Maltsev (RUS) wurde mit diesem Kata-guruma im Finale –86 kg gegen Bruno Carabetta (FRA) nicht nur Europameister 1994 in der Klasse –86 kg, sondern durch die spektakulären Fotos auch ungeheuer populär!

Kamol Muradov (UZB) wirft in der Klasse –90 kg beim Touroi de Paris (TdP) 2000 David Alarza (ESP) mit einem Kata-guruma im ‚Abtauchstil' und erhält einen Yuko (eine mittlere Wertung).

„Ein sehr typischer Kata-guruma im russischen Stil mit dem Überkreuzgriff am Kragen enthält alle Elemente der Überraschung, die ein plötzlicher Richtungswechsel mit sich bringt."

(Der vierfache Europameister Alexander Yatskevitch, der jetzt als belgischer Nationalcoach großen Erfolg hat, über den Kata-guruma von Oleg Maltsev)

KATA-GURUMA

ABTAUCHTECHNIK AUF GEORGISCH

Georgi Vazagachvili (GEO) wirft im Finale –71 kg der Europameisterschaften 1997 Anatoli Larioukov (RUS) mit einem Abtaucher mit doppeltem Ärmelgriff und erhält einen Ippon (voller Punkt).

Der kleine Georgier Georgi Vazagachvili gehört zu den außergewöhnlichsten Judoka der Welt.

Er hat es geschafft, in drei verschiedenen Gewichtsklassen große internationale Erfolge zu erreichen, wobei man sich von Jahr zu Jahr nicht sicher sein kann, ob er nun bis 60, bis 65 oder bis 71/73 kg antreten wird.

Seinen spektakulärsten Sieg errang er im Finale der Europameisterschaften 1997, als er im Endkampf mit einer Variante seines Abtauchers nach nur wenigen Kampfsekunden gewann und wie im Jahr zuvor Europameister wurde.

1996 in Den Haag (NED) startete er allerdings noch bis 60 kg, ein Jahr später in Oostende (BEL) bis 71 kg, zwei Gewichtsklassen höher!

Vazagachvili hat beide Ärmel seines Gegners gefasst, als er sich neben dem rechten Fuß in den Hürdensitz gleiten lässt.

Nur mit der Kraft der Arme zwingt er den an beiden Armen fixierten Russen zu einer großen Judorolle rechts vorwärts, die in Rückenlage endet und den kleinen Georgier zu einem jubelnden neuen Europameister bis 71 kg macht.

KATA-GURUMA

PORTRÄT

Georgi Vazagachvili (GEO)

- Olympia-Bronze
  –65 kg 2000
- WM-Bronze
  –65 kg 1997
- Europameister
  –60 kg 1996
- Europameister
  –71 kg 1997
- EM-Silber
  –60 kg 1995

KATA-GURUMA

ABTAUCHER IM KATA-GURUMA

(Schulterradstil)

Johanna Hagn (GER) wirft in der Klasse +72 kg beim Judo World-Masters 1996 Aurora Grigorias (ROM) mit einem tiefen Kata-guruma auf beiden Knien und erhält einen Ippon (voller Punkt).

Fast wie in der „Nage-no-kata", der zeremoniellen, klassischen ‚Form des Werfens', setzt die Deutsche ihre Technik an. Mit geradem Rücken und tief gebeugten Beinen wird die Gegnerin nach oben gezogen. Da die Rumänin sich zur Verteidigung absinken lässt, muss Johanna auf ihr rechtes Knie gehen.

Zum Aufladen auf die Schultern geht sie dann auf beide Knie und wirft die Rumänin dann mit Kraft und Schwung über den Kopf nach vorne ab. Flach auf dem Rücken landet Aurora Grigorias und weiß, dass dies ein Ippon ist.

KATA-GURUMA

PORTRÄT

Johanna Hagn (GER)

- Olympia-Bronze
  +72 kg 1996
- Weltmeisterin
  +72 kg 1993
- Europameisterin
  +72 kg 1997
- EM-Silber +72 kg 1996
- 1. Pl. Tournoi de Paris
  +72 kg 1996
- 2. Pl. Tournoi de Paris
  +72 kg 1994
- 2. Pl. Judo World Masters
  +78 kg 2000

KATA-GURUMA

KATA-GURUMA

(Schulterrad)
auf beiden Knien mit Ausheben

Islam Matsiev (RUS) wirft in der Klasse –65 kg bei den Europameisterschaften 1996 in Den Haag den Belgier Philip Laats mit Kata-guruma auf beiden Knien und erhält einen Ippon (voller Punkt).

Mit diesem dynamischen und äußerst kraftvollen Kata-guruma auf beiden Knien demonstriert Matsiev nachdrücklich, was man in der Judowelt unter ,dem russischen Stil' versteht: überraschend, schnell, kraftvoll, konsequent und erfolgreich! Alle diese Attribute treffen auf diese einmalige Kata-guruma-Sequenz zu.

Ohne Eindrehbewegung hat Matsiev Philip Laats von vorne unterlaufen, indem er sich blitzschnell auf beide Knie hat absinken lassen.
Dabei hat er den Belgier am äußersten Ende seines linken Ärmels gegriffen und ihn nach vorne oben aus dem Gleichgewicht gebracht.

Als Laats auf beiden Schultern liegt, gelingt es dem Russen, sich mit einer kraftvollen Beinstreckung wieder aufzurichten und den Belgier machtvoll auf den Rücken zu donnern – auch wenn dieser die Niederlage auf sehr gefährliche Art mit einer Kopfbrücke zu verhindern sucht.

KATA-GURUMA

4

5

Islam Matsiev (RUS)

- EM-Silber –66 kg 1998
- 2. Pl. JWM –66 kg, 1999

技

KATA-GURUMA

HARAI-GOSHI (HÜFTFEGER)

„Ich war lang, daher lehrte mich mein Lehrer George Houget schon früh Harai-goshi", begründet Jean-Luc Rouge (FRA), der erste Nichtjapaner, der einen WM-Titel im Halbschwergewicht gewann, warum er seinen Spezialwurf lernte.

Harai-goshi gilt auch heute noch als eine Technik für groß gewachsene Judoka, da lange Beine und ein Griff von oben bei dieser Technik Vorteile bringen. Hauptsächlich in den schwereren Gewichtsklassen der Männer und Frauen wird Harai-goshi erfolgreich angewendet, da zum einen die größere Körpermasse beim Gleichgewichtbrechen hilft und zum anderen die Beweglichkeit und Schnelligkeit beim ausweichenden Verteidigen weniger ausgeprägt ist.

Das Wurfprinzip besteht darin, den Gegner durch Zug mit beiden Händen nach vorne aus dem Gleichgewicht zu bringen. Dann dreht man sich auf einem Bein so vor dem Gegner ein, dass man mit dem Rücken seinen Oberkörper berührt.

Nun ziehen die Hände den Oberkörper des Gegners weiter stark nach vorne, während das Schwungbein von außen den Unterkörper nach hinten drückt, indem die Beinrückseite das Standbein des Gegners nach hinten fegt.

Diese Fegebewegung der Beinrückseite gegen den Unterkörper des Gegners gibt dem Wurf seinen Namen: Hüftfeger – man fegt mit Bein und Hüfte die Hüfte des Gegners nach hinten.

Oft fällt es schwer, den Unterschied zwischen Harai-goshi (Hüftfeger), Ashi-guruma (Beinrad) und O-guruma (großes Rad) deutlich zu erkennen.
Als Werfender wird der Unterschied deutlich spürbar: Bei **Ashi-guruma** wird der Gegner mit dem gestreckten Bein in Kniehöhe blockiert und sein Oberkörper über diesen Block gedreht, anstatt wie bei **Harai-goshi** den Unterkörper des Gegners nach hinten wegzufegen. Bei **O-guruma** liegt der Block statt auf Kniehöhe auf Höhe der Hüfte bzw. des Judogürtels.

Das ‚Gedrehtwerden wie über eine Reck- bzw. Turnstange' bildet das wesentliche Merkmal bei Ashi- und O-guruma, während Uke bei Harai-goshi deutlich spürt, wie ihm die Beine nach hinten weggefegt werden.

HARAI-GOSHI

Yoshie Kya (JPN) wirft in der Klasse +78 kg beim Judo-World-Masters 1998 Katja Gerber (GER) mit Harai-goshi und erhält einen Ippon (voller Punkt).

„Harai-goshi verlangt den totalen Einsatz des Werfenden, er muss die Gefahr eines Konters vergessen."

(Frankreichs erster Judoweltmeister Jean-Luc Rouge)

HARAI-GOSHI

HARAI-GOSHI

(Hüftfeger einseitig gefasst)

Celine Lebrun (FRA) wirft in der Klasse –78 kg beim Tournoi de Paris 2000 die Koreanerin Kang mit einem einseitig gefassten Harai-goshi und erhält einen Ippon (voller Punkt).

Die Europameisterin –78 kg, Celine Lebrun (FRA), ist eine Harai-goshi-Spezialistin. Allerdings bevorzugt sie für ihre Variante einen ganz speziellen Griff.

Wie eine Rechtskämpferin fasst sie mit der rechten Hand den linken Kragen ihrer Gegnerin, um dann zum Wurfansatz jedoch mit dem linken Arm einseitig über die Schulter ihrer Gegnerin zu fassen und den linken Arm kraftvoll einzuklemmen.

Durch diese Bewegung werden die meisten Gegnerinnen auf ihr linkes Bein gestellt und aus dem Gleichgewicht gebracht. Mit engem Körperkontakt kann Lebrun nun das Standbein mit ihrem linken Schwungbein sicher und kontrolliert wegfegen.
Allein durch Armzug und Beinschwung wirbelt die Koreanerin hoch durch die Luft und beweist die Effektivität dieser Harai-goshi-Variante.

Celine Lebrun (FRA)

- Olympia-Silber –78 kg 2000
- WM-Bronze –78 kg 1999
- Europameisterin
  –78 kg 1999, 2000
- EM-Silber –78 kg 1998
- EM-Bronze +72 kg 1997
- 1. Pl. Tournoi de Paris
  +72 kg 1997

HARAI-GOSHI

ASHI-GURUMA

(Beinrad)

Sung-Ho Yang (KOR) wirft in der Klasse –100 kg beim Judo-World-Masters 1999 Kessell (CUB) mit Ashi-guruma und erhält einen Ippon (voller Punkt).

Der koreanische Vizeweltmeister in der Klasse –100 kg, Sung-Ho Yang, hat die idealen Voraussetzungen für Ashi-guruma: groß gewachsen, starke Beine und einen mächtigen Armzug.

Dies bekommt beim Judo-World-Masters 1999 der Kubaner Kessell zu spüren, der eine Zeit lang den kraftvollen Angriffen zwar entkommen kann, am Ende aber doch einem Ashi-guruma zum Opfer fällt.

Yang verhindert ein seitliches Ausweichen auf seinen starken Armzug und Hüftein-satz, indem er das rechte Bein wie eine Sperre vor das rechte Knie des Kubaners hält. Mit fortgesetztem Armzug und starker Oberkörperrotation wird Kessell über diesen Block in Rückenlage gedreht.

Der nachfolgende Haltegriffansatz von Yang erweist sich als unnötig, denn er hat für seine Wurfaktion schon einen Ippon erhalten.

Sung-Ho Yang (KOR)

- WM-Silber –100 kg 1999
- 2. Pl. Tournoi de Paris –100 kg 1999
- 3. Pl. Judo World Masters –100 kg 1999
- 1. Pl. Judo World Masters –100 kg 2000

HARAI-GOSHI

TAI-OTOSHI (KÖRPERSTURZ)

Vor einigen Jahren, als die Judojacken immer enger und die Ärmel immer kürzer wurden, schien Tai-otoshi als erfolgreiche Wettkampftechnik in Vergessenheit zu geraten. Aber durch die Regeländerungen Anfang der 90er Jahre erlebte dieser rasante Wurf eine Neubelebung. In den 80er Jahren war es vor allem Englands Judoaushängeschild Neil Adams, der mit seinen Tai-otoshi-Varianten für Aufsehen sorgte.

In Deutschland war Olympiasieger und Doppelweltmeister Udo Quellmalz der herausragende Vertreter dieser eleganten und schnellen Wurftechnik.

Tai-otoshi ist eine Stolpertechnik. Der nach vorne aus dem Gleichgewicht gebrachte Gegner ‚stolpert' über das vor ihn gestellte Bein. Eigentlich eine ganz einfache Wurfidee – aber zur perfekten Ausführung gegen einen widerstrebenden Gegner benötigt man viele Jahre – oder ein angeborenes Wurfgefühl für diese Bewegung.

Damit der Gegner tatsächlich über die vor ihn gestellte Beinrückseite fällt – gleichgültig, ob über Wade, Kniekehle, Oberschenkel oder auch Gesäß/Hüfte – müssen viele Elemente zusammenpassen:

1. Die Hände haben den Gegner nach vorne so aus dem Gleichgewicht gebracht, dass er (bei einer Rechtsausführung) auf seinem rechten Fuß steht.

2. Um diesen Fuß nun mit der Beinrückseite zu blockieren, muss sich der Angreifer blitzschnell eindrehen – ohne die Arbeit der Hände zu vernachlässigen – und sein rechtes Bein möglichst tief vor dem rechten Fuß des Gegners platzieren. Gut ist es, wenn seine Wade mit dem Unterschenkel Kontakt erhält.

3. Aus dieser tiefen Stellung heraus streckt er nun gleichzeitig sein rechtes Bein, zieht mit der linken Hand am Ärmel und drückt mit der rechten Hand gegen den Kragen des Gegners, wobei diese Aktionen durch Streckung des linken Beines unterstützt werden. Mit vol-lem Körpereinsatz kann nun der Wurf gelingen, wenn alle einzelnen Bewegungen ineinander greifen.

TAI-OTOSHI

Radu Iwan (ROM) zeigt beim Judo-World-Masters 1998 eine perfekte Zusammenarbeit von Bein-, Hüft- und Armeinsatz bei Tai-otoshi.

„Tai-otoshi ist die Quintessenz von allem, was gutes Judo ausmacht: eine dynamische, große Wurfbewegung, die Schnelligkeit, Koordination, gutes Timing und Risikobereitschaft erfordert."

(Weltmeister Neil Adams (GBR), einer der besten Tai-otoshi-Spezialisten aller Zeiten)

Der Olympiasieger und zweifache Weltmeister Udo Quellmalz (GER) wirft in der Klasse −73 kg während der Europacup-Finalrunde 1998 mit einem Tai-otoshi mit Kragen- und Nackengriff und erhält einen Ippon (voller Punkt).

TAI-OTOSHI

TAI-OTOSHI

(Körpersturz)

Udo Quellmalz (GER) wirft in der Klasse –65 kg bei den Weltmeisterschaften 1993 Karazelid (KAZ) mit Tai-otoshi und erhält einen Ippon (voller Punkt).

Immer dann, wenn es wirklich wichtig ist, muss sich ein Judoka auf seine Stärken verlassen können. Im Kampf um Bronze bei den Weltmeisterschaften 1993 hat sich Udo Quellmalz lange mit dem Kasachen Karazelid abmühen müssen, bis ihm endlich der entscheidende Wurf gelang.

Mit einer blitzschnellen, scheinbar lockeren Armbewegung hat er seinen Gegner auf dessen linken Fuß manövriert und diesen dann mit dem weit ausgestellten linken Bein blockiert. Koordinierter Zug und Druck der Arme sowie völliger Einsatz des ganzen Körpers bringen den Kasachen in Rückenlage und dem zweifachen Weltmeister dieser Klasse das Erfolgserlebnis eines Sieges im letzten Kampf.

Udo Quellmalz (GER)

- Olympiasieger –65 kg 1996
- Olympia-Bronze –65 kg 1992
- Weltmeister –65 kg 1995, 1991
- WM-Silber –65 kg 1989
- WM-Bronze –65 kg 1993
- EM-Silber –65 kg 1990
- EM-Bronze –65 kg 1994, 1993, 1988

TAI-OTOSHI

TAI-OTOSHI

(Körpersturz)

Makoto Takimoto (JPN) wirft in der Klasse −78 kg bei den Weltmeisterschaften 1997 Tsend Atosh Ochurbat (MGL) mit Tai-otoshi und erhält einen Ippon (voller Punkt).

Ein perfekter Tai-otoshi kann für den Gegner wie ein Blitz aus heiterem Himmel sein. Ein kurzer Ruck am Kragen, ein schneller Flug und eine meist sehr harte Landung – so erlebt Uke das Tai-otoshi-Gefühl.

Für den Werfenden stellt sich bei einem perfekten Tai-otoshi ein Gefühl von Leichtigkeit, Selbstverständlichkeit und – manchmal auch grenzenloser Überlegenheit ein.

Die Grenze zwischen notwendigem Selbstbewusstsein und überzogener Arroganz verschwimmt angesichts eines Tai-otoshi-Sieges nur zu leicht ...

Makoto Takimoto (JPN)

- Olympiasieger −81 kg 2000
- 3. Pl. Tournoi de Paris
  −78 kg 1996
- 1. Pl. Judo World Masters
  −81 kg 2000, 1997

TAI-OTOSHI

O-GOSHI (GROSSER HÜFTWURF)

Bei den Weltmeisterschaften 1997 in Paris sorgte der Russe Tamerlan Tmenov erstmals für Aufsehen, als er im Kampf um Platz drei des Schwergewichts, den favorisierten und knapp 160 kg schweren türkischen Europameister +95 kg, Selim Tataroglu, mit einem schnellen und kraftvollen O-goshi aus den Medaillenträumen riss.

Im Finale des Schwergewichts beim Judo-World-Masters 1999 gelang ihm wieder eine Sensation. Nicht sein Sieg als solcher, – mittlerweile war er selbst Europameister geworden – doch die Art und Weise, wie er seinen kubanischen Finalgegner Angel Sanchez nach dessen Wurfversuch blockierte und diesen dann mit O-goshi links zu Boden brachte, war die Sensation. Manche so genannten Experten halten O-goshi für einen ‚Kinderwurf', der Anfängern und Kindern dienlich sei, im modernen Wettkampfjudo auf höherer Ebene jedoch nichts mehr zu suchen habe.
Neben spektakulären Erfolgen, wie denen des Russen Tmenov, zeigen jedoch auch andere Beispiele (wie Hannah Ertel, der Kasache Muradov und die chinesische Vizeweltmeisterin –78 kg, Yang), dass diese uralte Kampftechnik der Menschheit auch im Judo des 2. Jahrtausends einen wichtigen Platz haben wird.

O-goshi (großer Hüftwurf) und Tsuri-goshi (Hüftzug) unterscheiden sich im Wettkampf kaum. Sie sind vom Bewegungsgefühl her völlig identisch, da der enge Körperkontakt bei beiden gesucht werden muss und der Zug mit beiden Armen, verbunden mit einer kraftvollen Beinstreckung, die entscheidenden Bewegungselemente sind. Da spielt es nur eine geringe Rolle, ob der Griff am Rücken in den Gürtel oder kurz oberhalb des Gürtels in der Jacke genommen wird.

Zumeist wird O-goshi/Tsuri-goshi von kraftvollen, selbstbewussten Linkskämpfern ausgeführt, da diese offensichtlich schon früh gelernt haben, dass ein Linksgriff die einfachste Möglichkeit darstellt, einen Rechtskämpfer ohne Mühe schnell mit einer großen Technik zu werfen. Die Griffaufnahme ergibt sich wie von selbst und der Ansatzweg der Hüfte ist extrem kurz. Zudem neigen viele Judoka dazu, um den Kopf/Nacken zu greifen, sodass der Weg für den Griff mit dem linken Arm um die Hüfte offen ist. Will Uke diesen Griff verhindern, kann Tori über die Schulter in Jacke oder Gürtel greifen und aus O-goshi wird Tsuri-goshi.

O-GOSHI

Tamerlan Tmenov (RUS) wirft im Finale +100 kg beim Judo-World-Masters Angel Sanchez (CUB) mit O-goshi und erhält einen Ippon (voller Punkt).

„Ein Anfängerwurf, eine Technik für Kinder – mag sein! Aber welch eine Granate, wenn ein Spitzenkönner mit O-goshi zum Erfolg kommt!"

(Der zweifache Europameister Alexander von der Groeben als Kommentator der Judo-WM 1999 auf Eurosport))

Kamol Muradov (UZB) wirft in der Klasse –100 kg beim Judo-World-Masters 1998 Keith Morgan (CAN) mit O-goshi und erhält einen Ippon (voller Punkt).

O-GOSHI

O-GOSHI

(großer Hüftwurf)

Hannah Ertel (GER) wirft in der Klasse –78 kg beim Judo-World-Masters 1999 Lucia Morico (ITA) mit O-goshi und erhält einen Ippon (voller Punkt).

Beim World-Masters 1999 in München war die junge Hannah Ertel in grandioser Form und konnte erst im Finale von Japans Weltmeisterin 1997 und 1999, Noriko Anno, gestoppt werden. Zuvor hatte sie die Niederländerin Miranda van den Broek nach zehn Sekunden, die Japanerin Kazue Sato nach 18 Sekunden und im Halbfinale die Italienerin Lucia Morico nach 26 Sekunden ausgeschaltet – alle mit dem gleichen Wurf.

Im Halbfinalkampf –78 kg mit Lucia Morico aus Italien zeigt Hannah Ertel alle Tugenden, die man für einen O-goshi/ Tsuri-goshi benötigt.

Einfaches Zufassen über die Schulter in den Gürtel und Griff mit der rechten Hand von oben am Ärmel der Gegnerin. Nun folgt ein harter Zug nach vorne, verbunden mit einem Abbeugen des Oberkörpers bei gleichzeitiger Hüft-/ Beinstreckung.
Ein schöner Wurf, ein schöner Punkt, ein schöner Erfolg: Finaleinzug für Hannah Ertel beim Judo-World-Masters 1999.

O-GOSHI

PORTRÄT

Hannah Ertel (GER)

- EM-Bronze
  –72 kg 1996
- 2. Pl. Judo World Masters
  –78 kg 1999
- WM-Silber (U 19)
  –72 kg 1996

O-GOSHI

MAKIKOMI-TECHNIKEN

Der Begriff „Makikomi" bedeutet übersetzt „einrollen". „Sushi maki" ist ein berühmtes Gericht, bei dem Fisch in Reis und Seetang eingerollt wird. Von dieser Rolle werden dann Scheiben serviert.

In Deutschland hat „Soto-makikomi", das äußere Einrollen, den wenig schönen Spitznamen „Schweinerolle", weil sich der Werfende in den Partner hineinrollt, wie ein Schwein im Matsch.

Makikomi werden oft als stilistisch minderwertig angesehen, weil – vor allem in den schwereren Gewichtsklassen – die Wirksamkeit der Technik häufig durch die schiere Körpermasse bestimmt wird.

Dabei wird der Arm des Gegners mit dem eigenen Arm fest eingeklemmt und der Gegner dann – sich beständig einrollend – über den Körper des Werfenden hinweg zu Boden gezogen, wie auf einer Walze angenagelt.

Auch wenn Makikomiwürfe den Stilisten ein Dorn im Auge sein mögen, in manchen Wettkampfsituationen, wenn der Gegner eine starke Verteidigung aufgebaut hat, erweisen sie sich als eine angebrachte Lösung. Daher kann man sie auch in den leichteren Klassen der Männer und Frauen zunehmend häufiger sehen.

Nahezu alle großen Eindrehtechniken – ganz gleich, ob auf einem oder auf zwei Beinen – können als Makikomi ausgeführt werden. So entstehen Harai-makikomi (aus Harai-goshi), Uchi-mata-makikomi (aus Uchi-mata), O-soto-makikomi (aus O-soto-gari), Ko-uchi-makikomi (aus Ko-uchi-gari) und O-uchi-makikomi (aus O-uchi-gari).

Allerdings sind sich die Experten über die Bezeichnungen der Techniken weltweit nicht einig. Weder in der Statistik der Internationalen Judo Förderation (IJF) noch in der Übersicht des Kodokan (das ‚Herz' der Judowelt in Tokyo) wird z.B. die Bezeichnung „O-uchi-makikomi" verwendet. Stattdessen wird mit Uchi-makikomi ein fast unbekannter Wurf aufgeführt.

Carine Varlez (FRA) wirft in der Klasse –70 kg beim Judo-World-Masters 2000 (JWM) in München die belgische Olympiasiegerin von 1996 mit Soto-makikomi und erhält einen Yuko (eine mittlere Wertung).

Frank Möller (GER) wirft in der Klasse +100 kg bei den Europameisterschaften 1998 Odyssea Tzigkouzidis (GRE) mit Harai-makikomi und erhält einen Waza-ari (halber Punkt).

„Makikomi – wie auf einer Walze angenagelt wird der Partner am Arm festgelegt und in einer großen Bewegung nach vorne gerollt."

MAKIKOMI

SOTO-MAKIKOMI

(äußeres Einrollen)

Ghislan Lemaire (FRA) wirft im Finale –95 kg der Europameisterschaften 1997 Ben Sonnemans (NED) mit Soto-makikomi und erhält einen Waza-ari (halber Punkt).

Nachdem 1996 der französische Weltmeister im Halbschwergewicht, Stephane Traineau, seinen Rücktritt erklärt hatte, war der junge Ghislan Lemaire Frankreichs Hoffnung in der Klasse –95 kg. Bei den Europameisterschaften 1997 im belgischen Oostende hatte er sich bis ins Finale vorgekämpft und konnte gegen die niederländische Goldmedaillenhoffnung Ben Sonnemans mit diesem dynamischen Soto-makikomi in Führung gehen.

Bei gleicher Linksauslage (Ai-yotsu) ist ein O-soto-gari eine oft benutzte, aber auch gefährliche Lösung, wie Ben Sonnemans nach seinem O-soto-Ansatz links erfahren musste. Lemaire setzte sein ganzes Körpergewicht gegen den Wurfversuch des Niederländers und nutzte dessen starke Arm-verteidigung nach vorne, um aus O-soto in Soto-makikomi nach vorne zu wechseln. Sich über seine linke Schulter einrollend und mit dem linken Arm abstützend zieht er Sonnemans über Hüfte und Rücken in Bodenlage. Entscheidend für das Gelingen der Technik war das Einklemmen des linken Arms des Niederländers am Körper des Franzosen, der diesen Arm erst loslässt, als er nach Vollendung der Technik in einen Haltegriff wechseln will. Dies kann Sonnemans jedoch verhindern, indem er den Franzosen zwischen den Beinen einklemmt.

P.S.
Europameister wurde Ben Sonnemans, der kurz vor Schluss mit Sasae-tsuri-komi-ashi einen Ippon erzielte.

MAKIKOMI

3

5

4

6

Ghislan Lemaire (FRA)

- EM-Bronze –95 kg 1996
- WM-Bronze –95 kg 1997
- EM-Silber –95 kg 1997
- 2. Pl. Tournoi de Paris
  –100 kg 1998
- 3. Pl. Tournoi de Paris
  –100 kg 1999

7

技

MAKIKOMI

GARI-WAZA (SICHELTECHNIKEN)

Die Sicheltechniken O-uchi-gari und Ko-uchi-gari zählen zu den Techniken im Wettkampfjudo, mit denen die meisten Wertungen überhaupt erzielt werden. Allerdings überwiegen dabei kleine und mittlere Wertungen*, die großen Wertungen Ippon (ganzer Punkt) und Waza-ari (halber Punkt) machen dabei nur ca. 30% aller gegebenen Wertungen aus.

O-soto-gari (große Außensichel) erhält zwar weniger Wertungen insgesamt, erweist sich jedoch mit 43% Ippon und Waza-ari als relativ „durchschlagskräftig". Auch die vierte Sicheltechnik Ko-soto-gari gehörte (auf Platz 9) bei den letzten Weltmeisterschaften 1999 in Birmingham zu den zehn erfolgreichsten Judowürfen überhaupt, allerdings mit nur 25% Durchschlagskraft (Anteil der ganzen (Ippon) und halben Punkte (Waza-ari) an allen erzielten Wertungen). Während man O-soto-gari wegen der großen Fallbewegung von Uke noch zu den ,großen Techniken' rechnet (vgl. auch S. 16/17), werden die drei anderen Sicheltechniken als ,kleine Techniken' bezeichnet.

,Klein' bezieht sich dabei vor allem auf die relativ kleine Wurfbewegung bei diesen Techniken, die ohne Eindrehen ausgeführt werden können. ,Klein' ist aber auch die Fallbewegung von Uke, der oft nur über die Fersen kippend auf den Rücken oder das Gesäß fällt. Kleine Bewegung, wenig Kraftübertragung und kleiner Fall führen auch zu relativ niedrigen Wertungen, obwohl eine im richtigen Augenblick durchgeführte Sicheltechnik zu spektakulären Ippon führen kann.

Fast jeder Spitzenjudoka hat die eine oder andere Sicheltechnik in seinem Wurfrepertoire. Zum einen, um durch Angriffe mit diesen Techniken den Gegner zu beschäftigen oder zu verwirren, damit die große Technik zum Erfolg kommt. Andererseits aber auch als geeignete Waffe, wenn der große Spezialwurf durch eine starke Reaktion des Gegners vereitelt wird. In solchen Momenten extremer Verteidigungsbewegungen sind die kleinen, schnellen Sicheltechniken von großem Nutzen.

Die Ausführung von O-uchi-gari, Ko-uchi-gari, Ko-soto-gari und auch O-soto-gari kann variieren. Die Japaner haben für den Einsatz der Füße die Bezeichnungen Gari (sicheln), Gake (einhängen) und Barai (fegen) entwickelt, die ich näher erläutern möchte.

■ Gari (sicheln) entsteht, wenn ein Bein unterhalb des Körperschwerpunktes weggezogen, weggeschlagen, weggerissen wird und der Oberkörper dabei gleichzeitig in die entgegengesetzte Richtung gedrückt wird.

■ Barai (fegen) meint das Weiterleiten, Weiterschieben eines sich in Bewegung befindenden Fußes in Bewegungsrichtung. Dabei wird der Oberkörper zunächst entweder festgehalten oder zurückgezogen und dann, wenn der Gegner wie ,auf einer Bananenschale' ausrutscht, kräftig nach unten gezogen.

■ Gake (einhängen) beschreibt das Blockieren, Festlegen eines Beins (Fußes) mit dem Unterschenkel des Angreifers, wobei zur Wurfausführung der Oberkörper von Uke über dieses festgelegte Bein nach hinten gedrückt oder geschoben wird. Im Zusammenhang mit O-soto wird dabei anstatt „Gake" zumeist die Bezeichnung „Otoshi" (Stürzen) verwendet, vielleicht, weil sich dabei – anders als bei den drei übrigen Sicheltechniken – Toris Körper neben Uke befindet.

GARI-WAZA

* lt. Statistik der IJF von den letzten Judoweltmeisterschaften 1999 in Birmingham.

Die Europameisterin von 1997, Yvonne Wansart (GER), wirft O-soto-gari im Finale der Deutschen Meisterschaften 1999.

Der Europameister von 1998, Daniel Gürschner (GER), greift in der Klasse –100 kg bei der WM 1999 Jang Sung-Ho (KOR) mit Ko-uchi-makikomi an.

KO-UCHI-GARI

技

GARI-WAZA

O-SOTO-GARI

(große Außensichel)

Shinichi Shinohara (JPN) wirft im Finale +100 kg der Weltmeisterschaften 1999 Indrik Pertelson (EST) mit O-soto-gari und erhält einen Ippon (voller Punkt).

Japans Judoaushängeschild bei der WM 1999 war der Alljapanische Meister Shinichi Shinohara. Souverän hatte der 140 kg-Koloss das Finale +100 kg erreicht, in dem der 30 kg leichtere Este Indrik Pertelson auf ihn wartete.
40 Sekunden vor Ende der Kampfzeit führt Pertelson mit einer Kokawertung bei Keikoku-Bestrafungen für beide Kämpfer wegen Passivität – eine Sensation liegt in der National Indoor Arena von Birmingham zum Greifen nah. Fast viereinhalb Minuten lang ist der große Favorit mit der Linksauslage des Esten nicht zurechtgekommen.

Doch die Klasse eines Kämpfers zeigt sich in solchen Situationen: Shinohara nimmt volles Risiko, als er bei gleicher Auslage (beide kämpften links) einen O-soto-gari ansetzt, wohl wissend, dass im Halbfinale Europameister Tmenov (RUS) mit der gleichen Technik in dieser Situation entscheidend gekontert worden war.
Shinichi Shinohara setzt seine ganze Kraft, sein ganzes Gewicht und seine ganze Entschlossenheit in diesen Ansatz und hat Erfolg: Pertelson kann dem Angriff nichts entgegensetzen und wird flach auf den Rücken geworfen. „Ippon!" und der erste WM-Titel für den Japaner, dessen Trainer Hitoshi Saito, selbst Weltmeister und Olympiasieger im Schwergewicht, alle asiatische Zurückhaltung vergisst und jubelnd die Arme in die Höhe reißt. Elf vorzeitige Siege und zwei Weltmeistertitel (+100 kg und Open) machten Shinichi Shinohara zum erfolgreichsten Judoka der WM 1999 und zu Japans größter Hoffnung für die Zukunft.

GARI-WAZA

1

2

3

3A

PORTRÄT

Shinichi Shinohara (JPN)

- Olympia-Silber
  +100 kg 2000
- Weltmeister
  +100 kg 1999
- Weltmeister Open
  1999
- WM-Silber
  +95 kg 1997
- Alljapanischer Meister
  2000, 1999

GARI-WAZA

O-SOTO-GARI

(große Außensichel, einseitig)

Anja von Rekowski (GER) wirft im Halbfinale –66 kg der Weltmeisterschaften 1997 Isabelle Beaurelle (FRA) mit einem einseitigen O-soto-makikomi und erhält einen Ippon (voller Punkt).

Sie hatte beweisen müssen, dass Bundestrainer Norbert Littkopf sich richtig entschieden hatte, als er an Anja von Rekowskis Nominierung für die Weltmeisterschaften 1997 festgehalten hatte. Nach guten Erfolgen von beiden Athletinnen hatte Littkopf Yvonne Wansart in der Klasse bis 66 kg zu den Europameister-schaften 1997 nominiert und diese hatte den Titel gewonnen. Von Rekowski stand nun unter Druck, denn die amtierende Europameisterin in ihrer Klasse nahm nicht an den Weltmeisterschaften in Paris teil. Gegen die starke Französin Isabelle Beaurelle musste sie vor knapp 18.000 Zuschauern im Palais Omnisports nicht nur gegen ihre Gegnerin und die sie frenetisch anfeuernden Zuschauer antreten, sondern auch die hohen Erwartungen erfüllen, die ihre Nominierung mit sich gebracht hatte.
Sie erledigte beides mit Stil!

Nach knapp der Hälfte der Kampfzeit umfasste sie den rechten Arm der Französin mit beiden Armen und stürmte gerade nach vorne, ihr rechtes Bein hinter das von Beaurelle hakend. Die Französin konnte diesem Angriff nichts entgegenhalten und landete auf dem flachen Rücken. Ihr Jubelduett mit Bundestrainer Littkopf und der hochgerissene Ipponarm des Kampfrichters zeigen Anja von Rekowski: sie steht im Finale der WM 1997 und hat die Chance, Weltmeisterin zu werden.

GARI-WAZA

PORTRÄT

Anja von Rekowski (GER)

- WM-Silber –66 kg 1997
- EM-Bronze –63 kg 1999
- EM-Bronze –66 kg 1996
- 2. Pl. Tournoi de Paris
  –66 kg 1996
- 1. Pl. Judo World Masters
  –66 kg 1999
- 3. Pl. Judo World Masters
  –63 kg 1998

GARI-WAZA

O-UCHI-GARI

(große Innensichel)

David Douillet (FRA) wirft in der Klasse +100 kg bei den Weltmeisterschaften 1997 Eric Krieger (AUT) mit O-uchi-gari und erhält einen Ippon (voller Punkt).

David Douillet, in Sydney 2000 überraschend wieder Olympiasieger, war der absolute Held der Franzosen bei den Titelkämpfen 1997 in Paris: Olympiasieger 1996 in Atlanta im Jahr zuvor, Doppelweltmeister bei den vergangenen Welttitelkämpfen in Makuhari 1995 und Weltmeister 1993, sollte er in Paris zum vierten Male Weltmeister werden und damit erreichen, was kein Athlet vor ihm je erreicht hatte, denn selbst Yasuhiro Yamashita, die japanische Judolegende, war nur dreimal Weltmeister geworden.

Österreichs Schwergewichtler Eric Krieger hatte in dieser Inszenierung nicht mehr als eine Opferrolle zu spielen und genau dies tat er. Vor den Augen der beiden Trainer (Österreichs Friedrich links und Marc Alexandre re., selbst Olympiasieger 1988) kam David Douillet bei der ,Aktion Titelverteidigung' zu einem leichten Sieg.

Mit einem klassischen Ärmelkragengriff setzt er zunächst leicht Uchi-mata nach vorne an, um dann – den Widerstand Kriegers spürend – direkt einen O-uchi-gari nach hinten zu werfen.
Auch die Trainer kämpfen mit: Während Friedrichs ,betende Hände' nicht den gewünschten Erfolg zeigen, scheint Alexandre die Spannung der Wurfaktion mitzufühlen.

Obwohl beide Kämpfer nach dieser Aktion außerhalb der Matte landen, wird die Aktion gewertet, da sie von Douillet innerhalb der Matte stehend ausgeführt wurde.

GARI-WAZA

1

2

3

4

5

David Douillet (FRA)

- Olympiasieger
  +100 kg 2000
- Olympiasieger
  +95 kg 1996
- Weltmeister
  +95 kg 1997, 1995, 1993
- Weltmeister Open 1995
- Europameister
  +95 kg 1994
- EM-Silber
  +95 kg 1993
- EM-Bronze
  +95 kg 1992, 1991

GARI-WAZA

KO-UCHI-MAKI-KOMI

(kleines inneres Einrollen)

Ralph Akoto (GER) wirft in der Klasse –71 kg beim Judo-World-Masters 1997 Victor Bivol (MLD) zweimal mit Ko-uchi-makikomi und erhält zweimal einen Waza-ari (halber Punkt).

Der technisch talentierte Deutsche Meister –73 kg von 1997, Ralph Akoto, hat leider auf internationalem Niveau seine sport-lichen Möglichkeiten nie ganz ausschöpfen können.

Beim Judo-World-Masters 1997 zeigte er gegen den starken Moldavier Victor Bivol jedoch mit seiner Spezialtechnik Ko-uchi-makikomi zweimal höchste technische Präzision bei gleichzeitig variabler An-wendung der Technik.

Der erste Waza-ari (halbe Punkt) wird noch aus einem eher traditionellen Griff geworfen, wobei jedoch der Griff mit der linken Hand am äußersten Ärmelende schon ungewöhnlich ist. Der tiefe Ansatz mit engem Hüftkontakt sowie der Einsatz des rechten Arms, der das angegriffene Bein umfasst, entspricht jedoch dem Lehr-buch für Ko-uchi-makikomi.

Der entscheidende zweite Waza-ari ent-wickelt sich allerdings aus einem sehr ungewöhnlichen doppelten Kragengriff, wobei dieser Griff für Eri-seoi-nage jedoch gut geeignet ist und Akoto beim Wurfansatz durch eine Eri-seoi-nage-Finte die Rückwärtsreaktion provoziert hat, die er dann mit diesem schönen Ko-uchi-makikomi mit voller Entschlossenheit aus-nutzen kann.

Die Siegerfaust zeigt deutlich, wie sehr er sich über seine Leistung freut – zu Recht!

GARI-WAZA

1

2

3

PORTRÄT

Ralph Akoto (GER)

- Deutscher Meister –73 kg 1997

GARI-WAZA

O-UCHI-GARI

(große Innensichel auf beiden Knien)

**Noriko Anno (JPN) wirft im Finale
–78 kg der Weltmeisterschaften 1999
Yin Yufeng (CHN) mit einem tiefen
O-uchi-gari auf beiden Knien und erhält
einen Ippon (voller Punkt).**

*Knapp drei Minuten lang hatte die
physisch starke Chinesin Yin Yufeng das
Finale der Weltmeisterschaften 1999
–78 kg bestimmt, ehe die flinke japanische
Titelverteidigerin im Halbschwergewicht
der Damen, Noriko Anno, mit einer blitzschnellen und dennoch lockeren Armbewegung die Reaktion herstellte, die sie
für den entscheidenden Wurf benötigte.*

Nur leicht lehnt sich Yin zurück, um dem
vermeintlichen Schulterwurf zu widerstehen, doch diese Reaktion genügt Noriko
Anno, um einen sehr tiefen – und daher
nicht zu konternden – O-uchi-gari anzu-
setzen, der die Chinesin auf den Rücken
donnert und Noriko Anno zur Titelverteidigerin im Halbschwergewicht der Frauen
werden lässt.

Mehr als 30 angereiste japanische Fotografen halten diesen historischen Erfolg im
Bilde fest, denn erstmals kann nach Ryoku
Tamura (–48 kg) eine japanische Frau
ihren Titel verteidigen.

GARI-WAZA

PORTRÄT

Noriko Anno (JPN)

- Weltmeisterin
  –78 kg 1999
- Weltmeisterin
  –72 kg 1997
- 1. Pl. Tournoi de Paris
  –72 kg 1997
- 1. Pl. Tournoi de Paris
  +72 kg 1995
- 1. Pl. Judo World Masters
  –78 kg 1999

GARI-WAZA

KO-SOTO-GARI

Anna-Maria Gradante (GER) wirft im Kampf um Bronze –48 kg bei den Weltmeisterschaften 1999 Ja-Sung Park (KOR) mit Ko-soto-gari und erhält einen Waza-ari (halber Punkt).

GARI-WAZA

KO-UCHI-GARI

Der Olympiasieger –90 kg von Sydney 2000 und dreifache Europameister –86 kg und –90 kg, Marc Huizinga (NED), wirft im Halbfinale –86 kg der Europameisterschaften 1997 Daan De Coomann (BEL) mit einem einhändigen Ko-uchi-gari mit Diagonalgriff.

GARI-WAZA

KO-SOTO-GAKE

(kleines äußeres Einhängen)

Tamerlan Tmenov (RUS) wirft im Finale +100 kg der Europameisterschaften 1999 Semir Pepic (SVK) mit Ko-soto-gake und erhält einen Ippon (voller Punkt).

Vor heimischem Publikum hatte sich der Slowake Semir Pepic bei den Europameisterschaften 1999 in Bratislawa in guter Form gezeigt und bis ins Finale der Schwergewichtskategorie +100 kg vorgekämpft. Doch gegen den starken russischen Titelverteidiger Tamerlan Tmenov war er im Finale ohne Chance.

Nach nur wenigen Kampfsekunden hat der Russe einen starken linksseitigen Uchi-mata angesetzt, den Pepic verteidigen kann. Doch dieser Ansatz bildet die Basis des Erfolgs. Beim nachfolgenden Ansatz braucht Tmenov nur mit den Armen zu ziehen, ohne die Hüfte einzudrehen, um Pepic zu einer starken Verteidigungsreaktion mit der Hüfte zu veranlassen.

Tmenov, der diese Reaktion erwartet hat, setzt sein linkes Bein hinter die rechte Hüfte des Slowaken und kippt diesen dann über den linken Oberschenkel nach hinten auf den Rücken. Mit einem ‚Kiai' – einem Kampfschrei – unterstützt er diese siegbringende Aktion, die ihn nach 1998 zum zweiten Mal zum Europameister im Schwergewicht werden lässt.

GARI-WAZA

4

5

6

Tamerlan Tmenov (RUS)

- Olympia-Bronze
  +100 kg 2000
- WM-Bronze +95 kg 1997
- Europameister
  +100 kg 1999, 1998
- EM-Silber +100 kg 2000
- 1. Pl. Judo-World-Masters
  +100 kg 1999

GARI-WAZA

ASHI-WAZA (FUßTECHNIKEN)

Neben den weiter vorne schon vorgestellten Sicheltechniken fassen die japanischen Lehrbücher unter dem Begriff „Ashi-waza" auch die Fußstoppwürfe und Fußfegetechniken zusammen. „Ashi" bedeutet übersetzt alles, was sich unterhalb der Hüfte befindet, also Bein und Fuß gleichzeitig.

Während die Sicheltechniken häufig mit der Beinrückseite geworfen werden und nur manchmal (vor allem bei Ko-uchi-gari) mit dem Fuß, ist bei den Fußstopp- und Fußfegetechniken der Fuß der entscheidende Körperteil beim Wurf.

Zu den Fußfegetechniken zählt man De-ashi-barai (den vorne stehenden bzw. nach vorne kommenden Fuß fegen), Okuri-ashi-barai (beide Füße fegen) und Harai-tsuri-komi-ashi (den zurückgehenden Fuß unter dem Körper des Gegners weiterfegen).

Fußstoppwürfe sind Sasae-tsuri-komi-ashi (Hebezugfußstoppen) und Hiza-guruma (Knierad), bei dem Uke über das blockierte Knie ein Rad in der Luft nach vorne schlägt. Für „Sasae" wird der Gegner nach vorne auf den Fuß gezogen, der dann am Knöchel blockiert wird. Bei Hiza-guruma wird meist das hinten stehende Bein kurz unterhalb oder außerhalb des Knies blockiert und somit der Schritt nach vorne verhindert. Über das so blockierte Knie lässt man Uke dann durch Zug der Arme ein Rad schlagen. Im Wettkampf der Spitzenkönner wird vor allem De-ashi-barai und Sasae-tsuri-komi-ashi verwendet, wobei Letzterer im Kampf oft mit Hiza-guruma verwischt.

Fußtechniken sind beliebte ‚Waffen' gegen Gegner, die mit steifen Armen sperren oder solche, die sich viel bewegen. Vor allem De-ashi-barai verkörpert den idealen Judowurf, bei dem sich mit wenig Krafteinsatz ein großer Erfolg erreichen lässt. Wird der sich bewegende Fuß des Gegners im richtigen Augenblick erwischt, so ist der Erfolg im Wortsinne ‚niederschmetternd'. Das Bild ‚von den Füßen geholt' entspricht präzise dem Gefühl, das der Fallende hat – wie jemand, der auf Glatteis den Boden unter den Füßen verliert.

Fußstoppwürfe sind ‚Stolpertechniken', bei denen die Vorwärtsbewegung des Gegners mit den Händen erzwungen, aber gleichzeitig mit dem Fuß unterbunden wird. So entsteht eine große, hohe Fallbewegung, die im Idealfall den Ippon unvermeidlich macht.

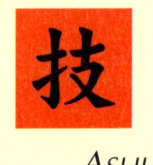

ASHI-WAZA

Frank Möller attackiert im Halbfinale +100 kg der WM 1999 in Birmingham Indrik Pertelson (EST) mit Hiza-guruma am hinten stehenden Bein.

Eines der spektakulärsten Fotos, das je von einem De-ashi-barai gemacht wurde: Der Franzose Thierry Harismendy (†) besiegt 1992 im Finale des Judo-World-Masters –60 kg den Mongolen Yasu Optoguro mit Fußfeger.
(Harismendy kam 1993 während eines Trainingsaufenthalts in Japan bei einem Verkehrsunfall ums Leben.)

„Die Hände und Augen liefern die Basisdaten – doch erst die Erfahrung vermittelt einen übergreifenden Sinneseindruck. Fußtechnikspezialisten ‚wissen' einfach, wann der richtige Moment gekommen ist."

(Doppelweltmeister Nobuyuki Sato, ein großer Spezialist für Fußwürfe)

ASHI-WAZA

SASAE-TSURI-KOMI-ASHI

(Hebezugfußhalten)

Nuno Delgado (POR) wirft im Halbfinale –81 kg der Europameisterschaften 1999 Graeme Randall (GBR) mit einem Sasae-tsuri-komi-ashi und erhält einen Ippon (voller Punkt).

Noch nie hatte der kampfstarke Schotte Graeme Randall in einem Europameisterschaftsfinale gestanden. Bei der EM 1999 in Bratislawa (SVK) schien sich sein Traum zu erfüllen. Mit zwei Koka (kleinen Wertungen) und zwei Yuko (mittleren Wertungen) hatte er knapp drei Minuten lang den Portugiesen Nuno Delgado klar beherrscht und von einer Verlegenheit in die Nächste gestürzt (vgl. auch großes Foto auf S. 33).

Dann aber kommt ‚wie ein Blitz aus heiterem Himmel' ein wunderschöner, schneller und lockerer Sasae-tsuri-komi-ashi des Portugiesen, der Randall von den Füßen holt und auf den Rücken befördert.

Nach 2:50 min ist das Halbfinale der EM 1999 bis 81 kg beendet und Nuno Delgado feiert seinen überraschenden Sieg ‚brasilianisch': mit Siegestanz und Victory-V an beiden Händen, während sich Randall an den Kopf greift und fragt, wie ihm das nur passieren konnte.

P.S. Nur vier Monate später standen sich die beiden wieder in einem Halbfinale gegenüber, diesmal bei den Weltmeisterschaften im britischen Birmingham.

Dort nahm Randall Revanche (vgl. auch S. 153) und zog ins Finale ein, um dann auch noch den Weltmeistertitel zu gewinnen.

ASHI-WAZA

PORTRÄT

Nuno Delgado (POR)

- Olympia-Bronze
  –81 kg 2000
- Europameister
  –81 kg 1999
- WM-Fünfter
  –81 kg 1999

ASHI-WAZA

SASAE-TSURI-KOMI-ASHI

(Hebezugfußhalten)

Frank Möller (GER) wirft in der Klasse +100 kg beim Judo-World-Masters 1998 Harry van Barneveld (BEL) mit Sasae-tsuri-komi-ashi und erhält einen Ippon (voller Punkt).

Im Kampf um Bronze beim Judo-World-Masters 1998 standen sich die beiden athletischen Schwergewichtler aus Deutschland und Belgien wieder einmal gegenüber. Die Linksauslage beider Kämpfer, ihr klassisch-einfacher Ärmelkragengriff und die etwas kleinere Körperstatur des Berliners Frank Möller, sind günstige Voraussetzungen für den Deutschen. Schafft er es nun noch, durch geschickte Zugbewegungen mit der linken Hand am Kragen des Belgiers, diesen zu einer Reaktion und zu erhöhter Körperspannung zu veranlassen, ist die Vorbereitung perfekt. Was dann folgt, sehen wir in unserer Serie:

Der starke Zug mit der linken Hand nach vorne wird durch Anheben mit der rechten Hand am Ärmel unterstützt.
Mit der linken Fußsohle wird die Vorwärtsbewegung des Belgiers am Fußknöchel gestoppt und van Barnefeld ‚fliegt' in schönster Judomanier. Zug und Druck der Arme, verbunden mit der Körperdrehung nach links, werden kontinuierlich weitergeführt, bis der Belgier mit dem Rücken auf der Matte liegt.

Deutliches Nachgehen macht die klare Niederlage des Belgiers auch für die Kampfrichter augenscheinlich.

ASHI-WAZA

PORTRÄT

Frank Möller (GER)

- Olympia-Bronze
  +95 kg 1996
- WM-Silber
  +95 kg 1995
- WM-Bronze
  +95 1993
- Europameister
  +95 kg 1992
- EM-Silber
  +95 kg 1995, 1989
- EM-Bronze
  +95 kg 1994, 1993, 1990
- EM-Bronze
  +100 kg 2000
- EM-Bronze Open
  2000
- 1. Pl. Judo World Masters
  +95 kg 1994

ASHI-WAZA

DE-ASHI-BARAI

(den nach vorne kommenden Fuß fegen)

Ferrid Kheder (FRA) wirft im Finale −73 kg des Judo-World-Masters 2000 Martin Grasmück (GER) mit einem De-ashi-barai aus dem einseitigen Diagonalgriff und erhält einen Ippon (voller Punkt).

Vorbemerkungen: De-ashi-barai ist die am schwierigsten zu fotografierende Technik im Judokampf. Es liegt im Wesen der Technik, schnell und überraschend zu sein. Wenn der Fotograf den Wurf oder seine Vorbereitung bemerkt, ist es meist schon zu spät.

Ferrid Kheder (FRA) nutzt für seine dynamischen und mit starkem Armzug eingeleiteten Fußfeger einen sehr ‚unorthodoxen' einseitigen Griff, bei dem er mit der linken Hand diagonal das Revers greift und mit der rechten Hand seitlich die Jacke erfasst. Mit diesem Griff kann er seine Gegner so stark zur Seite und nach oben ziehen, dass diese gegen das fegende Bein kaum ein Gegenmittel finden.
Der Franzose behält seinen Griff auch trotz Bestrafung wegen „unorthodoxer Fassart" selbstbewusst bei und kann bei deutlichem Rückstand mit seinem Fußfeger den Kampf noch umdrehen.
Im Finale des World-Masters −73 kg kommt ihm für seinen Fußfeger jedoch auch der schnelle und bewegungsreiche Kampfstil von Martin Grasmück entgegen.

Ferrid Kheder (FRA)

- EM-Bronze
  73 kg 2000
- 1. Pl. Judo World Masters
  −73 kg 2000
- 1. Pl. Tournoi de Paris
  −73 kg 2000

ASHI-WAZA

DE-ASHI-BARAI

(den nach vorne kommenden Fuß fegen)

Keiko Maeda (JPN) wirft im Kampf um Bronze –63 kg beim Judo-World-Masters 2000 Celita Schultz (USA) nach 55 Sekunden Kampfzeit mit De-ashi-barai und erhält einen Ippon (voller Punkt).

Die erst 20-jährige Japanerin Keiko Maeda holte sich im Jahre 1999 überraschend den Weltmeistertitel –63 kg gegen die favorisierte Belgierin Gella Vandecaveye.

Die Junioren-Weltmeisterin von 1998 kam zu Saisonbeginn des Jahres 2000 beim World-Masters in München nur auf den 3. Platz. Sie gewann Bronze gegen die US-Amerikanerin Celita Schultz mit einem De-ashi-barai, wie er im Lehrbuch steht.

Mit einem klassischen Rechtsgriff am Ärmel und etwas neben dem Kragen wird der vorkommende Fuß von Schultz kurz und trocken weitergeleitet.

Die Amerikanerin landet auf dem Rücken und Maeda auf dem Bronzeplatz des Judo-World-Masters –63 kg.

Keiko Maeda (JPN)

- Weltmeisterin
  –63 kg 1999
- 2. Pl. Judo World Masters
  –63 kg 1999
- 3. Pl. Judo World Masters
  –63 kg 2000
- Weltmeisterin (U 20)
  –63 kg 1998

ASHI-WAZA

ASHI-DORI (BEINFASSER)

Die Einleitung zu diesem Kapitel überlasse ich einem Judoka, der das Gebiet der Beinfasser mitgeprägt hat, wie kaum ein anderer, dem belgischen Olympiasieger von 1980, Robert van de Walle. In seinem äußerst innovativen, sehens- und lesenswerten Buch „Pick-ups" (Ippon Books 1997, Revised Edition) schreibt er:

„In dieser Technikgruppe müssen wir uns mit dem wirklich ernsthaften Problem von Namen im Judo beschäftigen. Einer der faszinierendsten Aspekte des Judo besteht in seiner ständigen Veränderung. Neue Variationen entstehen und manchmal entwickelt ein kreativer Geist völlig neue Techniken.

Das Problem der Namengebung für neue Techniken existiert schon seit den ganz frühen Tagen des Judo. Ohne Zweifel sind Namen wichtig. Sie helfen, eine Technik im Bewußtsein der Judoka zu verankern und zwar auf eine Art und Weise, wie es ,Beinfasser Nr. 1' oder ,Hüftwurf Nr. 2' niemals könnte. Die meisten Namen der Judowürfe sind nichts weiter als technische Beschreibungen, wie der ,innere Schenkelwurf' oder ,die große Innensichel'. Doch zweifellos ist die poetische Formulierung eines Tani-otoshi (,Talsturz') oder Tomoe-nage (wörtlich: ,Wirbelwurf') einfach besser.

Das Problem wurde in den Anfangstagen des Judo relativ einfach gelöst. Es gab eine einfach zu identifizierende Quelle für alle Techniken und auch für neue Namen. Alles nahm seinen Ursprung im Kodokan, der sich auf die alte Ju-jutsu-Terminologie zurückziehen konnte oder neue Namen festsetzte.
Heute ist die gesamte Situation komplexer und eine Überarbeitung vielleicht längst überfällig. Obwohl es ausgesprochen wichtig ist, den Techniken Namen zu geben, ist es doch möglicherweise entschieden verwirrender, ihnen Namen zu geben, die keine internationale Absicherung haben. Das ganze Feld der ,Beingreifer und Ausheber' wimmelt von Problemen der Benennung von Würfen, da sich diese Judotechniken derzeit am schnellsten weiter entwickeln" (van de Walle, S. 89).

Wie Robert van de Walle habe ich deswegen versucht, Namen zu geben, die in etwa international verstanden werden oder aber einen Bezug zu erfolgreichen Kämpfern mit dieser Technik haben. Doch wie schreibt van de Walle abschließend:
„Ich hatte das Gefühl, es ist besser, die Technik mit irgendeinem Namen zu versehen, anstatt sie ,Beingreifer Nr. 5' zu nennen."

ASHI-DORI

■ *Der Japaner Takamatsu hat beim TdP 2000 in der Klasse bis 73 kg Ferrid Kheder (FRA) mit einem kraftvollen Morote-gari von den Füßen gehoben.*

„Zum ersten Mal entdeckte ich, dass Morote-gari im Speziellen – und Beingreifausheber im Allgemeinen – Techniken sein könnten, die Welt aus den Angeln zu heben."

(Robert van de Walle, der im Alter von 35 Jahren bei der WM 1989 in Belgrad den 3. Platz –95 kg belegte und die neunte (!) WM-Medaille gewann.)

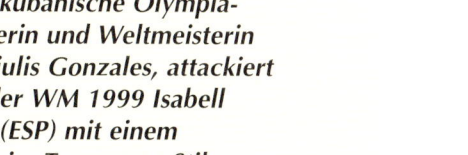

■ *Die kubanische Olympia-siegerin und Weltmeisterin –57 kg, Driulis Gonzales, attackiert im Finale der WM 1999 Isabell Fernandez (ESP) mit einem Beingreifer im Te-guruma-Stil.*

ASHI-DORI

BEINFASSER IM TE-GURUMA-STIL

(Handrad)

Edinaci Silva (BRA) wirft in der Klasse –78 kg beim TdP 2000 Min-Jeong Kang (KOR) und im Finale Mizuho Matsuzuki (JPN) mit einem flachen, ,geschobenen' Beingreifer im Te-guruma-Stil und erhält jeweils einen Ippon (voller Punkt).

Nicht nur wegen ihres blond-rötlich gefärbten Kurzhaarschnitts war Edinaci Silva (BRA) eine der auffälligsten Erscheinungen beim Tournoi de Paris zu Beginn des Jahres 2000. Mit ihren unnachahmlich kraftvollen Beingreifern im Te-guruma-Stil wirbelte sie die Klasse bis 78 kg gewaltig durcheinander.

Die linke Hand greift von oben parallel über die Schulter in den Kragen, die rechte Hand diagonal von innen um den Oberschenkel der Gegnerinnen.

Schon im Zufassen stürmt sie auf ihre Kontrahentinnen zu und ,überläuft' diese mit der Kraft des Angriffs. Dabei zieht sie ihre Gegnerinnen an der Schulter nach unten und am Bein zu sich nach oben heran.

Das Ergebnis ist keine klassische Judotechnik, aber eine spektakulär, hoch fliegende Gegnerin und eine über ihren ersten großen Sieg jubelnde Brasilianerin.

ASHI-DORI

A

B

Edinaci Silva (BRA)

- WM-Bronze –72 kg 1997
- 1. Pl. Tournoi de Paris –72 kg 2000
- 3. Pl. Judo World Masters –72 kg 1997

ASHI-DORI

BEINGREIFER IM KATA-ASHI-DORI-STIL

(ein Bein angreifen)

Stephane Traineau (FRA) wirft im Finale der Klasse –100 kg bei den Europameisterschaften 1999 Pavel Nastula (POL) und erhält einen Waza-ari (halber Punkt).

EM-Finale –100 kg 1999 in Bratislawa: Pavel Nastula (POL), Weltmeister 1995 und 1997 und Stephane Traineau (FRA), Weltmeister 1991, hatten sich fast vier Minuten lang keine Blöße gegeben und lediglich eine beiderseitige Shidobestrafung zugelassen. Stephane Traineau wollte beweisen, dass ein Comeback nach seinem Rücktritt vom Wettkampfsport 1996 auch für einen 33-Jährigen erfolgreich verlaufen kann.

Aus einem einseitigen Griff kann Traineau von außen das rechte Bein Nastulas in der Kniekehle erfassen und diesen über das andere Bein zu Boden drücken. Nastula will eine höhere Wertung vermeiden und stützt sich am Boden ab.

Traineau aber umläuft ihn seitlich und stürzt den Polen mit einem Hechtsprung nach vorne über den abstützenden linken Arm auf den Rücken, wofür er einen Waza-ari (halber Punkt) erhält.

Den Schock des Abwurfs nutzend, wechselt der Franzose blitzschnell den Griff mit dem linken Arm zwischen die Beine von Nastula. Aus diesem Yoko-shiho-gatame des bodenkampfstarken Traineau gibt es für Polens Olympiasieger von 1996 kein Entrinnen. Der deutsche Kampfrichter Stefan Bode zeigt den zweiten Waza-ari an und Stephane Traineau kann sich nach 1990, 1992 und 1993 über seinen vierten EM-Titel freuen, während ein sichtlich geknickter Pavel Nastula sich langsam wieder aufrichtet.

ASHI-DORI

1

2

3

PORTRÄT

Stephane Traineau (FRA)

- Olympia-Bronze
  –100 kg 2000
- Olympia-Bronze
  –95 kg 1996
- Weltmeister
  –95 kg 1991
- WM-Bronze
  –95 kg 1995, 1993, 1989
- Europameister
  –100 kg 1999
- Europameister
  –95 kg 1993, 1992, 1990
- 1. Platz Tournoi de Paris
  –95 kg 1993, 1991, 1998, 1987

ASHI-DORI

MOROTE-GARI

(Sicheln mit beiden Händen) oder
Ryo-ashi-dori (beide Beine angreifen)

**Legna Verdecia (CUB) wirft im Finale
–52 kg beim Judo-World-Masters 2000
Laetitia Tignola (FRA) mit Morote-gari
und erhält einen Yuko (mittlere Wertung).**

ASHI-DORI

Die kubanischen Judoamazonen gehören zu den besten Judokämpferinnen der Welt. Sie sind gefürchtet wegen ihres nicht nachlassenden Kampfwillens und den aus allen Lagen angesetzten Beingreiftechniken.

Eine der erfolgreichsten kubanischen Judoka ist seit vielen Jahren die Olympiasiegerin von Sydney 2000 und Weltmeisterin –52 kg von 1993, Legna Verdecia-Rodriguez.

Im Finale des Judo-World-Masters 2000 hat sie mit zwei, drei schnellen Vorwärtsschritten ihre Finalgegnerin Laetitia Tignola (FRA) unterlaufen und mit beiden Händen an den Oberschenkeln von außen umfasst. Beide Beine wegziehend und mit der Schulter drückend wirft sie Tignola nach hinten zum entscheidenden Wurf im Finale –52 kg, für den sie eine Yukowertung erhält.

Legna Verdecia-Rodriguez (CUB)

- Olympiasiegerin –52 kg 2000
- Olympia-Bronze –52 kg 1996
- Weltmeisterin –52 kg 1993
- WM-Bronze –52 kg 1999, 1995,
- WM-Bronze –48 kg 1991
- 1. Pl. Tournoi de Paris –52 kg 1999, 1998, 1994
- 1. Pl. Judo World Masters –52 kg 2000, 1999, 1998

ASHI-DORI

BEINFASSER IM KATA-GURUMA-STIL

(Schulterrad)

Valentin Knobloch (GER) wirft in der Klasse –81 kg beim Judo-World-Masters 2000 André Allard (FRA) mit einem Beinfasser im Kata-guruma-Stil und erhält einen Ippon (voller Punkt).

Der erst 20-jährige Deutsche Valentin Knobloch zeigte beim Judo-World-Masters 2000 einige tolle Kämpfe, besiegte u.a. Weltmeister Graeme Randall mit Uchimata und zeigte technisch gutes Judo, das mit Platz drei belohnt wurde.

In der Trostrunde –81 kg besiegte er den Franzosen Allard mit einem spektakulären, aber auch risikoreichen Beingreifer im Kata-guruma-Stil, bei dem der Gegner an Kragen und von innen ums Bein gefasst wird, dann durch starkes Abbeugen auf den Nacken geladen und abschließend durch eine Rolle vorwärts auf den Rücken geworfen wird.

Das Risiko einer Nackenverletzung scheint mir für den Werfenden recht groß, zumal dann, wenn die Rolle nicht frei in der Luft ausgeführt werden kann, sondern Tori sich vorher mit dem Kopf abstützt.

1

2

3

ASHI-DORI

PORTRÄT

Valentin Knobloch (GER)

- EM-Bronze –81 kg 1999 (U 20)
- 3. Pl. Judo World Masters –81 kg 2000

ASHI-DORI

VERTEIDIGEN

Möglichkeiten und Variationen

Verteidigen im Judo heißt ganz einfach: den Ippon des Gegners bzw. eine für ihn positive Wertung verhindern. Dazu gibt es verschiedene Möglichkeiten, die man danach gliedern kann, wie frühzeitig sie die beabsichtigte Aktion des Gegners verhindern. Man kann verteidigen gegen den gewünschten Griff, gegen die gewünschte Stellung oder Bewegungsrichtung, gegen die gewünschte Körperhaltung sowie gegen den beabsichtigten Wurf.

Maßnahmen gegen den gewünschten Griff sind:
■ Den beabsichtigten Griff vermeiden (indem man die Stelle, die der Gegner fassen will, mit der Hand schützt oder von ihm abwendet).
■ Den aufgenommenen Griff des Gegners lösen oder
■ selbst einen starken Griff halten, der für den Gegner unangenehm ist.

Maßnahmen gegen die gewünschte Stellung sind:
■ Sich entgegen der Absicht des Gegners schmal oder breitbeinig stellen.
■ Tief oder hoch stehen.
■ Das rechte oder linke Bein nach vorne stellen.
■ Den Oberkörper aufrecht oder abgebeugt halten.

Maßnahmen gegen die gewünschte Bewegung sind:
■ Die Bewegung übertrieben mitgehen.
■ Die gewünschte Bewegung stoppen.
■ Aktiv eine andere Bewegungsrichtung suchen.

Maßnahmen gegen den gewünschten Wurf sind:
■ Die statische Verteidigung durch Hüfteinsatz und/oder Armblock.
■ Die dynamische Verteidigung, bei der man entweder in Bewegungsrichtung oder entgegen der Bewegungsrichtung dem Wurf ausweicht, übersteigt oder übertrieben mitgeht.

Das Verteidigungsverhalten des Gegners bewirkt die Spannung eines richtigen Judokampfs. Ohne den Wunsch, die Aktionen des Gegners zu verhindern und stattdessen selbst zum Erfolg zu kommen, gibt es keinen Zweikampf. Daher müssen die Judoka sich in Angriff und Verteidigung gleichermaßen üben und Mittel und Wege finden, sowohl Angriffs- als auch Verteidigungsaktionen ihrer jeweiligen Gegner nicht nur zu neutralisieren, sondern sogar für sich zu nutzen.

Erst durch das Ausnutzen, Einplanen und Bewirken von (Verteidigungs-) Reaktionen erhält der Judokampf seine Würze, werden die Kombinationen, Finten und Konter möglich, die wir auf den folgenden Seiten zusammengestellt haben.

AUSWEICHEN

Bewegliche Verteidigung 1:
Ausweichen bei Uchi-mata

Statische Verteidigung 2: Bein einklemmen

Bewegliche Verteidigung 2:
Ausweichen mit Radwende

VERTEIDIGEN

GONOSEN (KONTERN)

Möglichkeiten und Varianten

Unter Kontern versteht man im Judo, einen Angriff des Gegners entweder zunächst zu neutralisieren und dann für eine eigene Wurftechnik zu nutzen oder aber die Angriffsabsicht so rechtzeitig zu erkennen, dass man den Konter praktisch im Wurfansatz bzw. sogar noch vor dem Wurfansatz des Gegners durchführt (antizipiert). So erwischt man ihn im körperlich und geistig schwächsten Moment, nämlich dann, wenn er vollständig auf Angriff und in keiner Weise auf Verteidigung eingestellt ist. Antizipatorisches Kontern ist daher die höchste Kunst im Judo.

Allgemein kann man dann kontern, wenn man
- durch Antizipieren der Angriffsabsicht, also vor dem eigentlichen Wurfansatz, einen Konter startet.
- durch Blockieren des angesetzten Wurfes, bevor der Wurf wirksam wird, den Angriff neutralisiert und dann kontert.
- durch Ausweichen mit oder entgegen der Wurfrichtung das Abwerfen verhindert und das dann labile Gleichgewicht des Angreifers für einen Konter nutzt.

Grundsätzlich kann man mit allen bekannten Judowürfen auch kontern, wenn man den Angriff des Gegners zuvor neutralisiert hat. Doch gibt es Techniken, die für ihre höchst wirksame Ausführung einen Angriff des Gegners voraussetzen.
Kontertechniken kann man vor allem danach unterscheiden, ob man zur Wurfausführung die Hüfte anheben muss (wie bei Ura-nage, Ushiro-goshi, Te-guruma oder Khabarelli) oder sie nach unten sinken lässt (wie bei Tani-otoshi oder Ko-soto-gake).
Neben diesen (allgemeinen) Kontertechniken gibt es auch spezielle Kontertechniken gegen bestimmte Würfe, wie z.B. Tsubame-gaeshi (Schwalbengegenwurf), einen Konter gegen Fußfeger oder O-soto-gaeshi, einen Konter gegen O-soto-gari oder Uchi-mata sukashi, das Leerlaufenlassen des Gegners bei einem Uchi-mata-Angriff.

Manchmal werden – wie wir sehen werden – Konterspezialisten mit ihren eigenen Waffen geschlagen, dann nämlich, wenn man – die Konterqualitäten des Gegners präzise analysierend – den beabsichtigten Konter selbst wiederum kontert. „Judo ist Körperschach!", hat ein altgedienter Trainer einmal gesagt. Einige der nachfolgenden Techniksequenzen unterstützen diese Erkenntnis.

GONOSEN

■ Antizipato-risches Kontern bei Uchi-mata sukashi. Im Finale –78 kg der Europameister-schaften 1994 in Danzig (POL) lässt Ryan Birch (GBR) den Uchi-mata-Angriff von Johan Laats (BEL) leer lau-fen und fegt dessen labiles Standbein mit Harai-goshi, was allgemein als Uchi-mata sukashi (Uchi-mata-Gegen-wurf) bezeichnet wird.

■ Kontern nach Hüftblock mit Ura-nage: Marko Spittka (GER) lässt in der Klasse –90 kg beim Judo-World-Masters den Spanier Jose Portal hoch durch die Luft ‚fliegen' und hart mit Ippon auf dem Rücken landen.

技

GONOSEN

URA-NAGE

(Rückwurf)

Pavel Nastula (POL) kontert in der Klasse –100 kg beim Judo-World-Masters 2000 Ben Sonnemans (NED) mit einem flachen, stark gedrehten Ura-nage und erhält einen Waza-ari (halber Punkt).

Im Halbfinale des Judo-World-Masters 2000 kam es zum Aufeinandertreffen zweier Europameister im Halbschwergewicht. Pavel Nastula war von 1994-1996 dreimal in Folge Europameister geworden und trat nun gegen seinen Nachfolger aus dem Jahre 1997 an.

Einen Hüftwurfansatz hat der Pole durch Beugen der Beine und starkes Vorschieben der Hüfte verhindert und den Niederländer dabei eng an sich herangezogen.

Nun wirft er ihn durch Ausheben und eine starke Körperdrehung über die blockierte Seite nach hinten, wobei er den engen Kontakt beibehält und den rechten Arm von Sonnemans bis in die Bodenlage kontrolliert.

Doch einen nachfolgenden Haltegriff kann Sonnemans verhindern, indem er sich über seine rechte Körperseite auf den Bauch dreht.

GONOSEN

3

4

Pavel Nastula (POL)

- Olympiasieger
  –95 kg 1996
- Weltmeister
  –95 kg, 1997, 1995
- WM-Silber
  –95 kg 1991
- Europameister
  –95 kg 1996, 1995, 1994
- EM-Silber
  –100 kg 1999
- 1. Pl. Tournoi de Paris
  –95 kg 1996, 1995
- 2. Pl. Tournoi de Paris
  –95 kg 1994
- 3. Pl. Tournoi de Paris
  –100 kg 2000

柔

GONOSEN

URA-NAGE

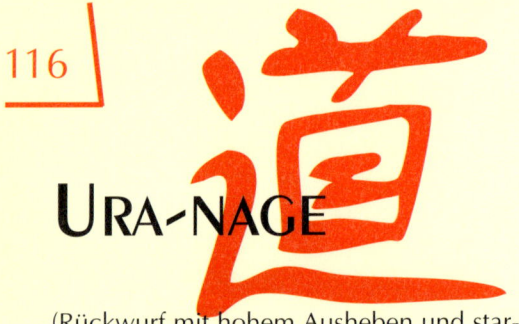

(Rückwurf mit hohem Ausheben und starker Rotation)

Raffaella Imbriani (GER) kontert im Finale –52 kg der Europameisterschaften 1998 Georgina Singelton (GBR) mit einem Ura-nage und erhält einen Ippon (voller Punkt).

Mit einem schnellen Schritt mit dem linken Bein nach vorne hat Raffaella Imbriani (GER) den Uchi-mata-Versuch der Britin gestoppt und sie durch Absenken der Hüfte gleichzeitig unterlaufen.

Nun zieht sie ihre Gegnerin mit beiden Armen eng zu sich heran und beginnt, sie durch die Beinstreckung mit der Hüfte auszuheben.

Auf dem höchsten Punkt der Aushebebewegung beginnt eine dynamische Rotation um die Körperlängsachse, verbunden mit kraftvollem Schub der Arme. Singleton fliegt hoch durch die Luft und landet krachend auf dem Rücken. Bis in die Schlussphase hat die Deutsche die Bewegung kontrolliert und ist bereit, zum Haltegriff überzugehen. Doch der „Ippon!"-Ruf des Kampfrichters löst alle Anspannung des Kampfes in einem einzigen Jubelschrei: „Europameisterin!"

GONOSEN

PORTRÄT

Raffaella Imbriani (GER)

- Europameisterin
  –52 kg 1998
- EM-Bronze
  –52 kg 1999
- 2. Pl. Tournoi de Paris
  –52 kg 1998
- 2. Pl. Judo World Masters
  –52 kg 1998

GONOSEN

KO-SOTO-GAKE

(kleines äußeres Einhängen)

Marko Spittka (GER) wirft in der Klasse –90 kg beim Judo-World-Masters 1999 Lionel Hugonnier (FRA) zweimal mit Ko-soto-gake und erhält zweimal einen Waza-ari (halber Punkt).

Innerhalb von zwei Wochen trafen der Franzose Lionel Hugonnier und Marko Spittka (GER) zweimal aufeinander. In Paris hatte Spittka den Franzosen mit einem gewaltigen Ura-nage von den Beinen geholt.

Zwei Wochen später beim Münchner World-Masters lehnt sich Hugonnier mit Harai-goshi weit nach vorne. So kann er nur schwer mit Ura-nage gekontert werden. Er hat jedoch den Griff am Ärmel des Gegners verloren. Spittka nutzt diesen Vorteil, indem er seinen Körperschwerpunkt nach vorne unten verlagert, seinen Unterschenkel von außen gegen das Standbein des Franzosen presst und den Angreifer gegen die Angriffsrichtung mit einer Art Ko-soto-gake wirft und Waza-ari erhält.

In der Folgezeit wollte Hugonnier nun Spittka mit angetäuschten Ko-uchi-gari zu einem Ura-nage-Konter verlocken. Als Hugonnier sich zum wiederholten Male locker vor Spittka eindreht und seinen linken Fuß von innen gegen Spittkas linke Ferse setzt, steigt Spittka einfach seitlich über das Bein des Franzosen hinweg und greift – die Hüfte absenkend – den Franzosen von hinten und außen an dessen rechtem Standbein an. Dabei klemmt er dessen Unterschenkel so ein, dass Hugonnier nicht mehr ausweichen kann und Spittka ihn mit einer dynamischen Körperstreckung hart auf den Rücken wirft. Nach knapp drei Minuten Kampfzeit hat Marko Spittka sich die Bronzemedaille –90 kg 1999 gesichert.

GONOSEN

PORTRÄT

Marko Spittka (GER)

- Olympia-Bronze –86 kg 1996
- WM-Silber –86 kg 1997
- Europameister –78 kg 1992
- EM-Silber –90 kg 1998
- EM-Bronze –100 kg 1998
- 1. Pl. TdP –78 kg 1991
- 1. Pl. JWM –86 kg 1997
- 1. Pl. JMW –78 kg 1991

GONOSEN

TE-GURUMA

(Handrad, flach)

Arik Zeevi (ISR) kontert im Kampf um Bronze –100 kg beim Judo-World-Masters 2000 Armen Bagdasarov (UZB) mit einem flachen Te-guruma und erhält einen Ippon (voller Punkt).

Der Israeli Arik Zeevi hatte sich allmählich an die internationale Elite herangekämpft. Bei den Europameisterschaften 1999 wurde er Dritter –100 kg und auch in München beim World-Masters kämpfte er um Bronze. Diesmal war sein Gegner der selbstbewusste und kampfstarke Usbeke Armen Bagdasarov. Bagdasarov hat aus Ai-yotsu (gleicher Auslage, hier Rechtsauslage) einen O-soto-gari am vorne stehenden Bein des Israeli angesetzt.

Auch wenn sich der Usbeke ‚voll reinhängt', kann Zeevi den Ansatz relativ leicht neutralisieren, indem er mit dem linken Bein einen Schritt nach vorne macht. Um einem Konter zu entgehen, lässt sich Bagdasarov nach vorne auf sein linkes Knie absinken. Zeevi aber hat die Situation schon als für sich günstig erkannt, Bagdasarovs rechtes Bein von außen umfasst und kann den Usbeken, der seinen Griff mit der rechten Hand immer noch beibehält, ganz flach über der Matte auf den Rücken drehen.

Bagdasarov landet vollständig in Rückenlage, Zeevi kontrollierend auf ihm und die Entscheidung des Kampfrichters ist eindeutig: Ippon und Bronzemedaille für Arik Zeevi (ISR).

GONOSEN

PORTRÄT

Arik Zeevi (ISR)

- EM-Bronze
  –100 kg 1999
- 3. Pl. Judo World Masters
  –100 kg 2000

GONOSEN

TE-GURUMA

(Handrad) mit O-uchi-gari
(große Innensichel) Abwurf

Gella Vandecaveye (BEL) kontert in der Klasse –63 kg beim Judo-World-Masters 2000 Julie Brunet (FRA) mit Te-guruma im O-uchi-gari-Stil und erhält einen Ippon (voller Punkt).

Die Belgierin Gella Vandecaveye ist seit fast acht Jahren in der absoluten Weltspitze der Damen im Halbmittelgewicht bis 61 kg bzw. 63 kg.

In Wroclaw (POL) gewann sie ihren 6. Europatitel, den Fünften in Folge.
Eine ihrer Spezialitäten ist Te-guruma in zahlreichen Variationen, als Angriff oder Konter.

Beim Judo-World-Masters 2000 kämpfte sie in der 1. Runde gegen die Französin Julie Brunet.

Einen einseitigen O-uchi-gari ihrer Gegnerin hat sie durch Blocken und Ausheben mit der Hüfte verteidigt.
Das Abwerfen durch seitliches Wegziehen mit den Händen (Handrad) verhindert die Französin, indem sie sich mit den Beinen von außen an der Hüfte der Belgierin festklammert. Nur eine kurze Notlösung, wie sich zeigt, denn Vandecaveye wirft die sich so festklammernde Französin ganz einfach mit einem O-uchi-gari (große Innensichel) flach auf den Rücken und bestätigt den „Ippon" mit einer spektakulären Landung auf der auf dem Rücken landenden Französin.

GONOSEN

PORTRÄT

4

5

6

Gella Vandecaveye (BEL)

- Olympia-Silber
  –61 kg 1996
- Olympia-Bronze
  –63 kg 2000
- Weltmeisterin–61 kg 1993
- WM-Silber –63 kg 1999
- WM-Silber –61 kg 1997
- WM-Bronze–61 kg 1995
- Europameisterin –63 kg
  2000, 1999, 1998
- Europameisterin –61 kg
  1997, 1996, 1994
- EM-Silber –61 kg 1993
- EM-Bronze–61 kg 1995
- 1. Pl. Tournoi de Paris
  –61 kg 1994, 1993
- 1. Pl. JWM–63 kg 1998

GONOSEN

TANI-OTOSHI

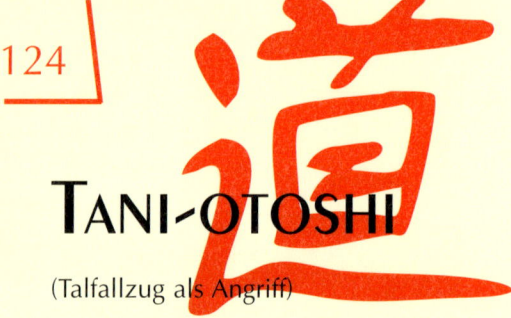

(Talfallzug als Angriff)

**Mark Huizinga (NED) wirft im Finale
–86 kg der Europameisterschaften 1997
Sergeij Klischin (AUT) mit Tani-otoshi
und erhält einen Ippon (voller Punkt).**

*Zumeist wird Tani-otoshi (Talfallzug oder
blumiger: „Sturz nach hinten in ein Tal")
als Kontertechnik ausgeführt. Der mit
einer Eindrehtechnik angreifende Gegner
wird über das hinter die Unterschenkel
gestreckte Bein des Verteidigers nach hinten geworfen. Der Fall ist flach und hart
und – neben der Tatsache, eine Niederlage verkraften zu müssen – zumeist auch
ausgesprochen unangenehm.*

Mit einem großen Ausfallschritt nach
vorne gleitet Huizinga mit seinem linken
Bein hinter den Österreicher. Dabei hat er
mit seiner linken Hüftseite engen Körperkontakt hergestellt. Durch starken Zug mit
seiner linken Hand am Ärmel und mit der
rechten Hand am Kragen von Klischin
nach unten wird dieser im Oberkörper
verdreht und festgelegt. Huizingas linker
Unterschenkel sperrt Klischins Ferse von
hinten. Durch Druck mit dem Oberkörper
gegen den Oberkörper des Österreichers
wirft Huizinga seinen Finalgegner flach
auf den Rücken. Dabei findet eine starke
Verwringung zwischen Ober- und Unterkörper des Werfenden statt. Obwohl Kraft,
Schwung und Kontrolle über den Wurf für
einen Ippon ausreichen, führt Huizinga
die eingeleitete Oberkörperdrehung fort,
um notfalls direkt in einen Haltegriff überzugehen. Im weißen Poloshirt jubelt
Heimtrainer Chris de Korte schon über
den zweiten Europatitel seines Schütz-
lings. Ippon, Riesenjubel und die Titelverteidigung –86 kg für den Niederländer
Mark Huizinga vor zahlreichen jubelnden
Niederländern bei der EM 1997 im belgischen Oostende.

GONOSEN

1

2

PORTRÄT

3

4

Mark Huizinga (NED)

- Olympiasiger
  –90 kg 2000
- Olympia-Bronze
  –86 kg 1996
- Europameister
  –86 kg 1997, 1996
- Europameister
  –90 kg 1998
- EM-Silber –90 kg 2000
- EM-Bronze–90 kg 1999
- EM-Bronze –78 kg 1994
- 1. Pl. Judo World Masters
  –90 kg 1999

GONOSEN

TANI-OTOSHI

(Talfallzug)

Alexei Davidashvili (GEO) kontert im Kampf um Bronze +100 kg beim Judo-World-Masters 1999 einen Khabarelli-versuch von Sergeij Kosorotov (RUS) mit Tani-otoshi und erhält einen Ippon (voller Punkt).

Den Kampf um den Einzug ins Finale hatte der russische Weltmeister von 1991, Sergeij Kosorotov, knapp und umstritten mit Kampfrichterentscheid verloren. Nun wollte er sich im Kampf um Platz drei an dem Georgier Davidashvili schadlos halten, einem Gegner, den er bisher stets besiegt hatte. Doch es sollte anders kommen. Vielleicht hatte Kosorotov die Erfahrungen des Georgiers mit diesem Wurf unterschätzt. Denn der Khabarelli, den der Russe ansetzte, um den Georgier auszuheben, war die Spezialtechnik des georgischen Nationaltrainers Shota Khabarelli, nach dem diese spektakuläre Technik benannt wurde. So hätte Kosorotov eigentlich gewarnt sein müssen, aber er war es nicht.

Davidashvili lässt sich durch den kraftvollen Ansatz des Russen nicht verwirren, behält den starken Griff am rechten Oberarm seines Gegners bei, als dieser ihn auszuheben beginnt und kann die Aktion durch Vorwärtsgehen neutralisieren.
So aus dem Gleichgewicht gebracht, wird Kosorotov eine leichte Beute für das hinter ihn gestellte Bein des Georgiers, das ihn wie einen Baum fällt und auf den Rücken schmettert. Wer sieht, wie der Russe fällt, versteht, wie der japanische Namen entstanden sein kann.
Ein toller Ippon für einen selten zu sehenden Konter, wie ihn nur Experten des ‚Russian Judo', wie der Russe Kosorotov und der Georgier Davidashvili, zustande bringen können.

1

2

GONOSEN

3

4

Alexei Davidashvili (GEO)

- EM-Bronze
  Open 1994, 2000
- 3. Pl. Judo World Masters
  +100 kg 1999

技

GONOSEN

UCHI-MATA

(innerer Schenkelwurf gegen
Yoko-guruma-Seitrad)

**Maarten Arens (NED) kontert im Finale
–81 kg des TdP 2000 einen Yoko-guruma
von Djamel Bouras (FRA) mit Uchi-mata
und erhält einen Ippon (voller Punkt).**

*Seit einigen Jahren sind der französische
Olympiasieger von 1996, Djamel Bouras,
und der niederländische Europameister
von 1995, Maarten Arens, erbitterte Riva-
len in der Klasse –81 kg. In jedem ihrer
Kämpfe liegt eine besondere Spannung,
denn Arens gehört zu den wenigen Athle-
ten in der Halbmittelgewichtklasse, die
den üblichen Kampfstil von Bouras zu
ihrem Vorteil nutzen können. So hat kaum
ein anderer Judoka dem in Frankreich ungeheuer populären Bouras so viele Nie-
derlagen zufügen können wie sein nieder-
ländischer Konkurrent.*

Als Bouras im Finale des Tournoi de Paris
2000 einen Hüftwurfversuch von Arens
mit einem Ausweichschritt und engen
Griff um die Hüfte zu einem Yoko-guruma
nutzen will, erhält das Finale seine Dramatik.
Arens spürt die Gefahr und nutzt sie.
Mit einem Nachstellschritt des Standbeins
folgt er dem ausweichenden Bouras und
setzt in dessen risikoreichen Konter einen
eigenen Uchi-mata an, der die Wurfbewegung des Franzosen nutzt. So gelingt es
ihm, den Franzosen zuerst auf den Rücken
zu werfen, bevor dieser ihn mit dem
Schwung des Konters überrollen kann.
Der deutsche Kampfrichter Andreas
Hempel, ein Spezialist für emotionsgela-
dene Kämpfe, hat die Situation richtig
gesehen und erklärt Maarten Arens zum
Sieger, was ihm zwar zunächst heftige
Pfiffe von fast 14.000 Zuschauern einbringt.
Doch die Wiederholung der Aktion auf
den Videowänden lässt das fachkundige
französische Publikum verstummen.

GONOSEN

5

6

Djamel Bouras mochte zuerst überhaupt nicht wahrhaben, dass der Ippon dieser Aktion dem Niederländer gegeben werden sollte. Er signalisierte deutlich, dass es eigentlich alles andersherum gewesen sei ...

PORTRÄT

Maarten Arens (NED)

- WM-Fünfter
  −81 kg 1999
- Europameister
  −86 kg 1995
- EM-Silber
  −81 kg 1999
- 1. Pl. Tournoi de Paris
  −81 kg 2000
- 3. Pl. Judo World Masters
  −86 kg 1997

GONOSEN

UCHI-MATA-GAESHI

(Uchi-mata-Gegenwurf)

Lioubov Brouletova (RUS) kontert in der Klasse –48 kg beim Judo-World-Masters 2000 den Uchi-mata von Julia Matijass (GER) mit Uchi-mata-gaeshi/Te-guruma auf einem Bein und erhält einen Waza-ari (halber Punkt).

Die Deutsche Meisterin 1999, Julia Matijass, hatte sich viel vorgenommen beim Judo-World-Masters 2000. Und ihr Uchi-mata ist eine gefährliche Waffe.

Im Kampf gegen die Russin Lioubov Brouletova hat sie einen Hidari-Uchi-mata (linksseitig ausgeführter innerer Schenkelwurf) angesetzt, der ihre Gegnerin fast von den Füßen hebt – aber eben nur fast!

Denn die Russin verfügt neben einer unglaublichen Dehnfähigkeit im Hüftgelenk auch über ein gutes Gleichgewichtsgefühl und über ebenso viel Selbstvertrauen. Sie hat das Schwungbein der Deutschen fest umschlungen und kann – als diese mit ihrer Bewegung am Ende ist – noch zulegen. Während Matijass ihren Griff mit der linken Hand verliert, übernimmt die Russin mit Zug am rechten Arm der Deutschen und der Hebebewegung am Bein die Kontrolle. Immer noch mit enorm gespreizten Beinen kann sie sich nach vorne abdrücken und über die Deutsche hinwegbewegen. Armzug und Armhub drehen Matijass entgegen ihrer Angriffsbewegung auf den Rücken.

Die Enttäuschung über das Misslingen ihrer stärksten Waffe war bei der zierlichen Deutschen Meisterin offensichtlich so groß, dass die Russin aus ihrem Waza-ari durch einen nachfolgenden Haltegriff leicht einen Ippon machen konnte.

GONOSEN

Lioubov Brouletova (RUS)

- Olympia-Silber
  –48 kg 2000
- EM-Silber
  –48 kg 2000
- EM-Bronze
  –48 kg 1999
- 3. Pl. Judo World Masters
  –48 kg 2000

GONOSEN

URA-NAGE-GAESHI

(Ura-nage-Gegenwurf)

Harry van Barneveld (BEL) kontert im Kampf um Bronze der Offenen Klasse bei den Weltmeisterschaften 1997 in Paris einen Ura-nage-Versuch von Sergeij Kosorotov (RUS) mit einem Ko-uchi-gari mit Beinfassen und erhält einen Ippon (voller Punkt).

Nur eine Minute und 50 Sekunden waren im Kampf um die Bronzemedaille der Offenen Klasse bei der WM 1997 zwischen Harry van Barneveld (BEL) und Sergeij Kosorotov (RUS) noch zu kämpfen und der russische Weltmeister von 1991 führte mit einem komfortablen Waza-ari Vorsprung.

Als Barneveld dann mit einer O-uchi-gari/Uchi-mata-Mischung angreift, startet Kosorotov sofort einen Ko-soto-gake-Konterversuch.

Kosorotov gelingt es, den Belgier eng zu umschlingen und er wechselt von Ko-soto-gari zu einem Ura-nage-Ausheber, bei dem er die Hüfte vorschiebt, um den Belgier auszuheben. In dieser äußerst bedrohlichen Situation gelingt van Barneveld der Konter des Konters, indem er seinen jetzt frei gewordenen rechten Fuß zu Ko-uchi hinter Kosorotovs rechte Ferse setzt und ihn gleichzeitig mit dem Griff der linken Hand am linken Knie blockiert.

Was eben noch eine Gefahr für den Belgier war, bedeutet jetzt die Niederlage für den großen russischen Judoschwergewichtler Sergeij Kosorotov. Harry van Barneveld kann sich zu Recht über seine erste Medaille bei Welttitelkämpfen freuen.

1

2

GONOSEN

3

4

5

PORTRÄT

Harry van Barneveld (BEL)

- Olympia-Bronze
  +95 kg 1996
- WM-Bronze
  Open 1999, 1997
- Europameister
  Open 1997
- EM-Silber
  Open 1998, 1994, 1993,
  1990
- EM-Silber
  +95 kg 1997
- EM-Bronze
  +95 kg 1997
- EM-Bronze
  Open 1996, 1995, 1992,
  1989

GONOSEN

O-SOTO-GAESHI

(O-soto-Gegenwurf)

Carine Varlez (FRA) kontert im Kampf um Bronze –70 kg beim Judo-World-Masters 2000 den O-soto-otoshi-Ansatz von Ulla Werbrouk (BEL) mit O-soto-gaeshi und erhält einen Yuko (eine mittlere Wertung).

Das Judo-World-Masters 2000 war für Belgiens Ausnahmeathletin Ulla Werbrouk im Jahr 2000 kein gutes Pflaster. Zu sehr hatte sie die Entlassung ihres langjährigen Coachs Jean-Marie Dedecker als Belgiens Nationaltrainer getroffen. Er war der Mann, der sie in ihrer langen und äußerst erfolgreichen Karriere betreut und aufgebaut hatte, ihm vertraute sie und nun – wenige Monate vor den Olympischen Spielen in Sydney – schien ihr der Verband diesen ‚Mann ihres Vertrauens' von ihrer Seite nehmen zu wollen. Eine ganze Woche habe sie kaum geschlafen, beschrieb sie ihre Reaktion auf die Ereignisse. Erst dieser Hintergrund macht verständlich, warum die sechsfache belgische Europameisterin nach ihrem großartigen Sieg zwei Wochen zuvor beim Tournoi de Paris in München beim World-Masters außer Form war.

So nutzte die bisher eher unbekannte Carine Varlez die Gunst der Stunde, um sich gegen eine indisponierte Olympiasiegerin mit einer taktisch klugen und kämpferischen Leistung eine große internationale Medaille zu sichern.

Carine Varlez (FRA)

- WM-Silber (U 19) –72 kg 1992
- Europameisterin (U 19) –66 kg 1992
- 3. Pl. Judo World Masters –70 kg 2000

GONOSEN

O-SOTO-GAESHI

Naoya Uchimura (JPN) kontert im Finale –65 kg des Tournoi de Paris 1997 Larbi Benboudaoud (FRA) mit O-soto-gaeshi und erhält einen Ippon (voller Punkt).

Der junge Franzose Larbi Benboudaoud stand 1997 in der Klasse –65 kg gegen den Japaner Naoya Uchimura erstmals in einem großen Finale. Im Vorjahr 1996 war er sowohl beim TdP Dritter geworden wie auch bei der EM in Den Haag. Ein junger, aufstrebender Sportler, voller Selbstvertrauen. Ihm stand mit Uchimura ein erfahrener Judoka aus Japan gegenüber, der zwar 1995 das Pariser Turnier schon einmal gewonnen hatte, bei Weltmeisterschaften und Olympischen Spielen jedoch immer hinter Yukimasa Nakamura, dem Weltmeister von 1993 und Olympiazweiten von Atlanta 1996, hatte zurückstehen müssen.

Larbi Benboudaoud will im Finale des TdP 1997 seinen ersten großen Sieg! Im Duell zweier Linkskämpfer greift er voller Selbstvertrauen mit O-soto-gari an, wird jedoch ausgeblockt (1). Als er kurz darauf wieder mit O-soto-gari links angreift, ist der Japaner vorgewarnt. Schon im Wurfansatz nimmt er das angegriffene Bein zurück (2), lehnt sich nach vorne, zieht stark mit beiden Armen und kontert den jungen Franzosen mit einem O-soto-gaeshi aus dem Judolehrbuch.

P.S. In der Folgezeit wurde Benboudaoud bereits zweimal Europameister (1999, 1998) und 1999 sogar Weltmeister –66 kg.

Naoya Uchimura (JPN)

- 1. Pl. Tournoi de Paris –65 kg 1997, 1995

GONOSEN

O-UCHI-GAESHI

(O-uchi-gari-Gegenwurf)

Cristine Cicot (FRA) kontert in der Klasse +72 kg bei den Weltmeisterschaften 1997 den O-uchi-gari-Ansatz von Sandra Köppen (GER) mit O-uchi-gaeshi und erhält einen Ippon (voller Punkt).

Mehr als elf Jahre nach dem Gewinn ihres ersten EM-Medaille 1986 gelang der Französin Cristine Cicot 1997 vor knapp 18.000 Zuschauern im ausverkauften Palais Omnisports in Paris der ganz große Wurf: sie wurde Weltmeisterin in der Klasse +72 kg.

Ihr Sieg gegen die Deutsche Sandra Köppen war vom äußeren Eindruck und von der Technik her zwar nur ein ,kleiner Wurf', aber einer mit großer Wirkung.
Die mitfavorisierte Deutsche musste in die Trostrunde und Cicot kämpfte um den Einzug ins Finale.

Nach knapp eineinhalb Minuten Kampfzeit setzt Sandra Köppen einen O-uchi-gari an, doch gelingt es ihr nicht, ihre Gegnerin fest auf das angegriffene Bein zu stellen. Cristine Cicot kann ihr Gleichgewicht auf das nicht angegriffene Bein verlagern und die Deutsche mit dem angegriffenen linken Bein wegfegen.

Einmal in Rückenlage, kann sich Sandra Köppen nicht mehr abfangen und fällt schwer auf den Rücken, von Cicot in klassischer Judomanier kontrolliert und bei der Landung unterstützt.

Während die Deutsche über die Sinnlosigkeit allen menschlichen Seins nachzudenken scheint, ist Cicot offensichtlich in Gedanken schon bei ihrem nächsten Kampf.

GONOSEN

PORTRÄT

3

Cristine Cicot (FRA)

- Olympia-Bronze
  +72 kg 1996
- Weltmeisterin
  +72 kg 1997
- WM-Fünfte
  +78 kg 1999
- Europameisterin
  +72 kg 1990
- EM-Silber
  +72 kg 1995
- EM-Silber
  Open 1994
- EM-Bronze
  +78 kg 2000, 1998
- EM-Bronze
  Open 1986

4

GONOSEN

RENRAKU (KOMBINIEREN)

Möglichkeiten und Varianten

Kombinationen und Finten gelten als die ‚hohe Schule' aller Zweikämpfer. Sie basieren auf dem **Aktion- = Reaktion-Prinzip**.

Als Regel gilt: ein starker Angriff bewirkt eine starke Reaktion und ein schwacher Angriff bewirkt eine schwache Reaktion.

Um eine starke Reaktion auszunutzen, genügt häufig eine kleine Technik, d.h. eine relativ schwache neue, zweite Aktion, während die schwache Reaktion auf eine kleine Technik zumeist nur mit Hilfe einer großen Technik genutzt werden kann. So weit zur reinen Theorie! Doch wir wissen mittlerweile: Die Praxis bestätigt nicht nur die Theorie, sie ergänzt und erweitert sie auch und eilt ihr manchmal sogar voraus.

Kombination nennt man die direkte Verbindung von zwei Wurftechniken, wobei die erste Wurftechnik eine Reaktion bewirkt, die mit der zweiten Wurftechnik unmittelbar ausgenutzt wird.

Nach einem Blockieren des ersten Angriffs erfolgt oft für die Ausführung der zweiten Technik ein Richtungswechsel (vorne/hinten oder hinten/vorne) oder ein Seitenwechsel (rechts/links, links/rechts).

Nach einem Ausweichen auf den ersten Angriff geschieht häufig auch der zweite Angriff in dieselbe Richtung, entweder mit derselben Technik oder mit einer anderen. Man unterscheidet also:

- Rechts/links-Kombinationen (z.B. O-soto-gari rechts ➤ Sasae-tsuri-komi-ashi links).
- Links/rechts-Kombinationen (z.B. Tai-otoshi links ➤ Ippon-seoi-nage rechts).
- Vorwärts/rückwärts-Kombinationen (z.B. Harai-goshi ➤ O-soto-gari).
- Rückwärts/vorwärts-Kombinationen (z.B. O-uchi-gari ➤ Uchi-mata).
- Rückwärts/rückwärts-Kombinationen (z.B. O-soto-gar ➤ Tani-otoshi).
- Vorwärts/vorwärts-Kombinationen (z.B. Uchi-mata ➤ Tai-otoshi).

Unter **Finten** versteht man das Ausnutzen einer zuvor provozierten Reaktion auf einen vorgetäuschten Angriff mit einem Wurf in die andere Richtung oder zur anderen Körperseite. Im Unterschied zu einer Kombination besteht eine Finte üblicherweise aus zwei voneinander getrennten Angriffen.

So kann z.B. der Angreifer feststellen, dass sein Gegner auf seinen O-goshi-Angriff stark mit einem Hüftblock (Vorschieben und seitliches Verdrehen der Hüfte, um die Eindrehbewegung des Angreifers zu unterbinden) reagiert. Bei seinem zweiten Angriff nimmt er gedanklich diese Reaktion vorweg. Er täuscht mit Armzug, Bein- und Hüftbewegung wieder einen Hüftwurf an. Dieser besteht jedoch nur in einem kurzen, kraftvollen Anrucken, das die gewünschte Reaktion (‚Hüftblock') hervorrufen soll. Zeigt der Gegner diese Reaktion, so wechselt der Angreifer blitzschnell die Angriffsrichtung und wirft den Gegner nach hinten mit Ko-soto-gake oder Tani-otoshi.

Eine gelungene Finte führt zu gewaltigen Judowürfen. Da die Reaktion auf die vermeintliche Bedrohung zumeist sehr stark ist, entstehen hohe Würfe, wenn es dem Angreifer gelingt, genau in die Reaktion des Gegners hinein seinen zweiten Angriff zu setzen. Bei Wurffinten unterscheidet man:

- Vorwärts/rückwärts-Finten (z.B. Uchi-mata ➤ Tani-otoshi /Ko-soto-gake).
- Rückwärts/vorwärts-Finten (z.B. O-soto-gari ➤ Sasae-tsuri-komi-ashi).
- Rechts/links-Finten (z.B. Uchi-mata li. ➤ De-ashi-barai rechts).
- Links/rechts-Finten (z.B. O-soto-gari li. ➤ Abtaucher rechts).
- Vorwärts/vorwärts-Finten (z.B. Tai-otoshi ➤ Tai-otoshi).

RENRAKU-WAZA

RI-SEOI-NAGE/UCHI-MATA

(...genschulterwurf zu innerer Schenkelwurf)

1

2

3

4

Tadahiro Nomura (JPN) wirft in der Klasse –60 kg beim TdP 2000 Rafael Bouezio (GER) mit einer Eri-seoi-nage/Uchi-mata-Kombination und erhält einen Ippon (voller Punkt).

Tadahiro Nomura (JPN)

- Olympiasieger –60 kg 2000
- Olympiasieger –60 kg 1996
- Weltmeister –60 kg 1996
- 1. Pl. TdP –60 kg 2000

RENRAKU-WAZA

道

KATA-GURUMA/ KO-SOTO-GAKE

(Schulterrad/kleines äußeres Einhängen)

Kate Howey (GBR) wirft im Finale –66 kg der Weltmeisterschaften 1997 Anja von Rekowski (GER) mit einer Kata-guruma/ Ko-soto-gake-Kombination und erhält einen Ippon (voller Punkt).

Schon nach drei Sekunden Kampfzeit hatte Kate Howey im Finale der WM 1997 mit diesem Kata-guruma-Ansatz gezeigt, dass sie in diesem Finale sich nicht mit defensiven Maßnahmen über die Zeit retten will (1).

Auf dem Hintergrund dieser Eingangstechnik entwickelt sich dann 1:22 Minuten später die Entscheidung dieses WM-Finales. Wieder hat Kate Howey einen ihrer gefährlichen Kata-guruma-Ansätze gestartet (2), bei denen sie mit dem rechten Arm stark am linken Arm von Rekowski zieht und mit der linken Hand von innen um den linken Oberschenkel ihrer Gegnerin fasst. Diesmal will Anja ein Ausheben vermeiden, indem sie von innen ihr rechtes Bein um das linke Bein von Howey schlingt. Was als geeignet gegen das Ausheben erscheint, erweist sich als Desaster. Von Rekowski hat sich selbst die Falle gestellt – mit engem Körperkontakt lässt sich die Britin gegen die Deutsche fallen, die ihr rechtes Bein selbst blockiert hat und nicht ausweichen kann.

Die Deutsche landet flach auf dem Rücken mit der Britin auf sich. Ippon und erster Weltmeistertitel für Kate Howey, die Freudensprünge über der Deutschen aufführt, während der Bundestrainer Norbert Littkopf die Enttäuschung erst einmal verarbeiten muss.

技

RENRAKU-WAZA

1

2

3

4

5

6

PORTRÄT

Kate Howey (GBR)

- Olympia-Silber
  –70 kg 2000
- Weltmeisterin
  –66 kg 1997
- WM-Silber –72 kg 1993
- WM-Bronze –70 kg 1999
- WM-Bronze –66 kg 1991
- EM-Silber –70 kg 2000
- EM-Silber
  –66 kg 1991, 1990
- EM-Bronze –70 kg 1998
- EM-Bronze –66 kg 1997
- EM-Bronze
  –72 kg 1995, 1994, 1993
- Weltmeisterin (U 19)
  –66 kg 1990
- Europameisterin (U 19)
  –66 kg 1991, 1990, 1989
- 1. Pl. Tournoi de Paris
  –66 kg 1997

RENRAKU-WAZA

TANI-OTOSHI/ SUMI-OTOSHI

(Talfallzug/Eckensturz Kombination)

Sung-Sook Jung (KOR) wirft im Finale –63 kg des TdP 2000 Severine Vandenhende (FRA) mit einer Tani-otoshi/Sumi-otoshi-Kombination und erhält einen Ippon (vollen Punkt).

Nicht immer sieht man spektakuläres Judo, wenn sich zwei der besten Judokämpferinnen der Welt gegenüberstehen. Doch im Finale –63 kg des TdP 2000 zwischen der Weltmeisterin von 1997, Severine Vandenhende (FRA), und der Weltmeisterin von 1995, Sung-Sook Jung (KOR), entwickelte sich über Aktion und Reaktion eine Kombination, wie sie nur der Wettkampf selbst entwickeln kann.

Aus der Kenka-yotsu-Situation (rechts gegen links) hat Jung einen tiefen Tani-otoshi angesetzt, ein gefährliches Unterfangen, denn die Französin ist Spezialistin für Hidari-uchi-mata, eine wunderbare Kontertechnik für den am Schwungbein angesetzten Tani-otoshi.

Doch als Vandenhende ihren Uchi-mata ansetzt, ist das Bein der Koreanerin nicht mehr da, wo sie es vermutet hat. Sich mit dem Gewicht ihres Oberkörpers auf die Französin stützend, hat Jung ihr Angriffsbein intuitiv zurückgezogen und lässt nun das schwungvoll hochfegende Uchi-mata-Bein der Französin leerlaufen.

Da die Koreanerin ihren Griff an Ärmel und Rücken der Finalgegnerin nicht aufgegeben hatte, kann sie diese nun mit den Händen weiterführen und mit Sumi-otoshi (Eckensturz) auf den Rücken drehen.

Der Seitenrichter zeigt „innerhalb!", Sung-Sook Jung die Siegerfaust und für Vandenhende ist der Kampf verloren.

RENRAKU-WAZA

Sung-Sook Jung (KOR)

- Olympia-Bronze
  –63 kg 2000
- Olympia-Bronze
  –61 kg 1996
- Weltmeisterin
  –61 kg 1995
- WM-Bronze
  –61 kg 1997
- 1. Pl. Tournoi de Paris
  –63 kg 2000
- 1. Pl. Tournoi de Paris
  –61 kg 1995
- 1. Pl. Judo World Masters
  –61 kg 1996

RENRAKU-WAZA

SUTEMI-WAZA

(Opfertechniken, Selbstfallwürfe)

Sutemi bedeutet „sich opfern". Auf den Schlachtfeldern des japanischen Mittelalters bedeutete Bodenlage zumeist auch gleichzeitig die Unfähigkeit, sich selbst wieder zu erheben, denn die schweren Holzrüstungen machten dies oft unmöglich. Ein Samurai, der sich selbst hinwarf, um seinen Gegner zu Boden zu bringen, gefährdete also auch sein eigenes Leben. Er ‚opferte' den im Wortsinne sicheren Stand gegenüber einer auch für ihn gefährlichen Bodenlage.

Heute ist bei Sutemi-waza zwar nicht Leib und Leben in Gefahr, aber man sollte schon ein sicherer Bodenkämpfer sein, wenn man freiwillig die Bodenlage sucht – für den Fall wenigstens, dass die Selbstfalltechnik nicht sofort mit Ippon bewertet wird. Sutemispezialisten vertrauen auf ihre Fähigkeiten im Bodenkampf und suchen oft mit ihren Techniken bewusst die Entscheidung am Boden.

Im folgenden Kapitel geht es um die Art Sutemi, bei denen man sich in Rückenlage wirft, um mit Hilfe der Füße/Beine den Gegner auszuheben und über sich zu schleudern: um Tomoe-nage und Yoko-tomoe-nage sowie um Sumi-gaeshi und Yoko-sumi-gaeshi.

Wettkämpfer denken in Kategorien von ‚Nützlichkeit' bzw. ‚Anwendbarkeit' für bestimmte Situationen des Kampfes und bestimmen von daher den systematischen Standort einer Technik.

Sutemi werden im modernen Judowettkampf vor allem verwendet
- als Ergänzungstechniken zum eigentlichen Spezialwurf (z.B. Udo Quellmalz, der bei den Olympischen Spielen 1996 nicht nur seinen portugiesischen Gegner sondern auch die Fachwelt mit seinem beidbeinigen Tomoe-nage überraschte).
- als Überraschungsmoment in speziellen Phasen des Kampfes – zu Beginn oder gegen Ende des Kampfes, wenn der physische Widerstand und die Reaktionsfähigkeit des Gegners abnimmt.
- aus speziellen Griffen, die dem Gegner das Leben schwer machen und ihn zur Verzweiflung treiben können, wie dem einseitigen Diagonalgriff, bei dem der Arm des Gegners quer vor dem Oberkörper des Angreifers festgelegt wird und ihm kaum Handlungsmöglichkeiten lässt.
- in den leichteren Gewichtsklassen, wo sich die Judoka schnell bewegen und oft einen abgebeugten Kampfstil bevorzugen, der Hüftwürfe und Beintechniken erschwert, für Tomoe-nage und Sumi-gaeshi aber geradezu die ideale Voraussetzung darstellt.

Sutemi galten lange Zeit – und teilweise auch noch heute – als schlechter Judostil, da die Judoka lernen, die Hüfte fallen zu lassen, statt – wie bei den großen Techniken – beim Werfen anzuheben. Doch stehen dieser Theorie die Beispiele erfolgreicher Kämpfer gegenüber, die beides auf hohem internationalen Niveau konnten: der belgische Europameister und Vizeweltmeister Johan Laats war Spezialist für Uchi-mata und Tomoe-nage und auch der dreifache Europameister und Olympiasieger 2000, Mark Huizinga (NED), beherrscht beide Bereiche auf Topniveau. Englands Judoweltmeister Neil Adams war sogar berühmt für seine Uchi-mata-/ Tomoe-nage-Kombination.

Rene Börner (GER) wirft in der Klasse –73 kg beim TdP 1998 mit Yoko-sumi-gaeshi und erhält einen Ippon (voller Punkt).

Frederic Demontfacon (FRA) greift im Finale –90 kg des TdP 2000 Yosvani Despaigne (CUB) mit einem beidbeinigen Yoko-tomoe-nage an.

„Für mich ist es jedoch am wichtigsten, dass die Technik ebenso schön anzuschauen wie selbst auszuführen ist."

(Weltmeister Katsuhiko Kashiwazaki über seinen Lieblingswurf Yoko-tomoe-nage)

技

SUTEMI-WAZA

YOKO-TOMOE-NAGE

(seitlicher Kopfwurf, wörtlich „Wirbelwurf" mit beiden Beinen)

Oscar Penas (ESP) wirft in der Klasse –60 kg beim A-Turnier in Prag 2000 Roland Stegmüller (AUT) mit einem beidbeinigen Yoko-tomoe-nage und erhält einen Ippon (voller Punkt).

Der kompakte spanische Europameister von 1999 hat für Tomoe-nage im Leichtgewicht genau die richtige Figur. Mit seinen kräftigen Armen und relativ kurzen Beinen kann er die Gegner einerseits gut an Ärmel und Kragen anheben als auch schnell mit dem Bein unter dem Körperschwerpunkt ausheben.

Sind die Gegner in der Luft, nimmt er den zweiten Fuß hinzu, um beim Abwerfen zu verhindern, dass die Gegner seitlich ausweichen oder sich mit einer Radwende aus dem Wurf herausdrehen.

Die nachfolgende Kontrolle bis in die Bodenlage gewährleistet, dass man als Angreifer sofort in Oberlage kommt, um notfalls zu einem Haltegriff weiterzugehen.

Das ist diesmal nicht nötig, so bleibt Oscar nichts anderes zu tun, als seinen Anzug nach vollendetem Ippon wieder zu richten.

SUTEMI-WAZA

3

4

5

Oscar Penas (ESP)

- Europameister
  –60 kg 1999
- EM-Bronze
  –60 kg 1998
- 1. Pl. Tournoi de Paris
  –60 kg 1999
- 3. Pl. Tournoi de Paris
  –60 kg 1997

SUTEMI-WAZA

YOKO-TOMOE-NAGE

(seitlicher Tomoe-nage)

Johan Laats (BEL) wirft im Finale –78 kg bei den Europameisterschaften 1997 Djamel Bouras (FRA) mit einem einhändigen Yoko-tomoe-nage und erhält einen Ippon (voller Punkt).

Eigentlich hatte der ‚Erfinder' des nach ihm und seinem Bruder Philip benannte Laatsabtauchers sich gedanklich schon vom Judoleistungssport verabschiedet.

Zu oft hatte er in wichtigen Finalen gestanden und verloren: 1991 im EM-Finale von Prag gegen den vermeintlich schwächeren Niederländer Anthonie Wurtz, im selben Jahr im WM-Finale von Barcelona gegen den bis dahin unbekannten Deutschen Daniel Lascau und 1994 noch einmal gegen den Briten Ryan Birch im EM-Finale von Danzig – allesamt Gegner, die diese Leistung nur gegen ihn gebracht hatten und nie wiederholen konnten.

Zur EM 1997 im eigenen Heimatland hatte Nationalcoach Jean-Marie Dedecker den Leistungswillen des technisch so talentierten Halbmittelgewichtlers noch einmal anstacheln können.

Nun stand er wieder einmal im Finale, hinter ihm 5.000 enthusiastische Zuschauer und vor ihm der Titelverteidiger in dieser Klasse, Frankreichs amtierender Olympiasieger Djamel Bouras, gefürchtet wegen seiner starken, destruktiven und einseitigen Kumi-kata.
Als nach der Hälfte der Kampfzeit deutlich wurde, das Laats sich gut auf den Kampfstil des Franzosen eingestellt hatte und mehr Vorteile gesammelt hatte, wurde dieser nervös.

SUTEMI-WAZA

1

2

3

Als Bouras wieder einmal seinen extremen Diagonalgriff aufnimmt, hat Laats seinerseits den Kragen des Franzosen greifen können und dessen Vorwärtsbewegung genutzt, um sich unter ihn in Tomoe-nage zu werfen.

Ohne mit der freien Hand zuzufassen, stößt er Bouras mit beiden Füßen am Gürtel hoch in die Luft und führt diese Wurf- und Zugbewegung weiter, bis Bouras auf dem Rücken landet.

Der Ipponruf von Kampfrichter Andreas Hempel (GER) lässt Johann Laats zu einem Sprint durch die ausverkaufte Halle von Oostende starten, der erst in Jubelpose vor den begeisternden Landsleuten und seinem freudestrahlend Beifall klatschenden Coach Jean-Marie Dedecker endet. Wo andere Kampfrichter zur Ordnung rufen, quittiert der erfahrene Deutsche den Jubellauf des Belgiers mit einem verständnisvollen Lächeln.

Johan Laats (BEL)

- WM-Silber
  –78 kg 1991
- Europameister
  –78 kg 1997
- EM-Silber
  –78 kg 1994, 1991
- EM-Bronze
  –78 kg 1995, 1993
- 2. Pl. Tournoi de Paris
  –78 kg 1991
- Weltmeister (U 21)
  –78 kg 1987

SUTEMI-WAZA

YOKO-SUMI-GAESHI

(seitliche Eckenkippe aus dem Diagonalgriff)

Djamel Bouras (FRA) wirft in der Klasse –78 kg bei den Weltmeisterschaften 1997 Yu Zhi Jan (CHN) mit Yoko-sumi-gaeshi aus dem Diagonalgriff und erhält einen Ippon (voller Punkt).

Der Olympiasieger –78 kg, Djamel Bouras, macht sich seine Körpergröße vor allem dadurch zunutze, dass er von oben mit seinen langen Armen einen Diagonalgriff aufnimmt, aus dieser Position ständig attackiert und die Gegner passiv aussehen lässt. Doch neben diesem eher destruktiven Stil besitzt er aus dieser Kampfauslage auch einige schöne Techniken, vor allem einen starken Yoko-sumi-gaeshi, der dann wirksam wird, wenn die Gegner auf die ständige Bedrängung mit Griff und Einsatz des linken Beines mit Vorschieben der rechten Hüfte reagieren.

Dies ist die Situation, die Bouras für seinen Yoko-sumi-gaeshi braucht. Über die durch den Diagonalgriff festgelegte rechte Seite des Gegners kippt er diesen mit Hilfe seines hebenden linken Beines auf den Rücken. Gegen den Chinesen Yu Zhi Jan reicht es sogar für einen Ippon und die nächste Runde.

Djamel Bouras (FRA)

Olympiasieger –78 kg 1996
WM-Silber –78 kg 1997
Europameister –78 kg 1996
EM-Silber –78 kg 1997, 1995
EM-Bronze –81 kg 1999

SUTEMI-WAZA

OBI-TORI-GAESHI

(Kippen mit Gürtelgriff)

Christophe Gagliano (FRA) wirft im Kampf um den Finaleinzug der Klasse –71 kg Vselovod Zelenij (LAT) mit Obi-tori-gaeshi und erhält einen Waza-ari (halber Punkt).

Ein Obi-tori-gaeshi ist eine Variante des Hikkomi-gaeshi, bei der man mit der Hand am Kopf vorbei einseitig in den Gürtel greift und den Partner dann mit Hilfe des Beineinsatzes wie bei Sumi-gaeshi wirft. „In den Gürtel greifen und den Partner umkippen", könnte man diesen Wurf beschreiben.

Im Kampf um den Einzug ins Finale der Klasse –71 kg setzt Christophe Gagliano nach der Hälfte der Kampfzeit einen Obi-tori-gaeshi bei seinem Gegner, Vselovod Zelenij (LAT), an. Der kraftvolle Zug nach unten auf den eigenen Körper wird durch das Heben und Schieben mit dem Unterschenkel des linken Beins ergänzt, wodurch der Lette in eine Kopfstandposition gerät und über den Kopf in Rückenlage gehebelt wird. Zwar versucht Zelenij noch, den direkt nachrollenden Gagliano mit der linken Hand wegzudrücken, doch kann dieser seinen Schwung nutzen, um in Mune-gatame zu rollen.
Da die Wurfaktion schon mit einem Waza-ari bewertet wurde, genügen dem Franzosen 25 Sekunden Haltegriff, um mit einem Ippon ins Finale einzuziehen.

Christophe Gagliano (FRA)

Olympia-Bronze –71 kg 1996
WM-Silber –71 kg 1997
EM-Silber –71 kg 1995
EM-Bronze –71 kg 1997,1996,1991

SUTEMI-WAZA

DER ÜBERGANG ZUM BODEN

Ein Judokampf beginnt im Stand und wird nach allen Unterbrechungen auch stets wieder im Stand neu aufgenommen. Doch auch am Boden („Ne-waza") kann man im Judo gewinnen und zwar auf dreifache Art:

a) Mit einem Haltegriff („Osae-komi-waza") bei dem man den Gegner 25 Sekunden lang den Regeln entsprechend am Boden festhält.
b) Mit einem Armhebel („Kansetsu-waza"), wobei der Arm im Ellbogengelenk überstreckt oder verdreht und der Gegner zur Aufgabe oder zu einer Schmerzensäußerung veranlasst wird.
c) Mit einem Würgegriff („Shime-waza"), der den Gegner zur Aufgabe zwingt oder das Bewusstsein verlieren lässt.

In einem Wettkampf darf man den Regeln entsprechend am Boden weiterkämpfen („zu Ne-waza" übergehen),

■ wenn nach einer Wurftechnik ein Resultat erreicht wurde und der Kämpfer ohne Unterbrechung zu Boden übergeht und die Offensive ergreift.

■ wenn sich durch das Verhalten des Gegners (z.B. ein erfolgloser Wurfansatz oder labiles Gleichgewicht) ein Vorteil ergibt, darf dieser genutzt werden und am Boden gekämpft werden.

■ wenn ein Würgegriff oder Armhebel im Stand angesetzt wurde und eine gewisse Wirkung zeigt und der Kämpfer ohne Unterbrechung zu Ne-waza übergeht.

■ wenn ein Kämpfer seinen Gegner durch die geschickte Anwendung einer Bewegung, die nicht als Wurftechnik zählt, zum Boden bringt (Hikkomi-gaeshi) und

■ in jedem anderen Fall, in dem ein Kämpfer fällt oder zu fallen droht und der andere Kämpfer aus der Position seines Gegners den Vorteil zieht und zur Bodenarbeit übergeht (aus: ***Wettkampfregeln der Internationalen Judo-Föderation 1998***).

Wir haben uns in „Judo Top-Action" aus Platzgründen auf solche Bodentechniken beschränkt, die sich direkt aus Standaktionen entwickelt haben. Das große und hochinteressante Feld der Ne-waza wird auf diese Weise sehr unzureichend repräsentiert. Um dennoch die Bodenarbeit wenigstens in ihren Möglichkeiten darzustellen, haben wir folgende Situationen ausgewählt:

■ Einen Haltegriff nach einem Hikkomi-gaeshi (erlaubter, aber nicht bewerteter Übergang zur Bodenlage).
■ Einen Haltegriff im Anschluss an eine Befreiung aus der Beinklammer nach einem Teilerfolg mit einer Wurftechnik.
■ Einen Haltegriff unmittelbar nach einem Teilerfolg mit einer Wurftechnik.
■ Einen Würgegriff nach einem Teilerfolg und Abdrehen des Gegners in die Bankposition und
■ einen Armhebel nach einem nicht bewerteten, aber erlaubten Übergang zur Bodenlage.

ÜBERGANG/BODEN

„Der moderne Bodenkampf beginnt heute schon im Stand. Wer beim Übergang zum Boden seinen Griff nicht im Stand vorbereitet hat, verliert seine Chancen!"

(Richard Trautmann (GER), der auf seinem Weg zu Olympia-Bronze in Atlanta 1996 als einziger Judoka der Welt vier Kämpfe am Boden gewann.)

Graeme Randall (GBR) wirft im Halbfinale –81 kg der Weltmeisterschaften 1999 Nuno Delgado (POR) mit Hikkomi-gaeshi mit beiden Füßen und kann diesen Übergang am Boden mit einem Kera-gatame erfolgreich abschließen.

ÜBERGANG/BODEN

HIKKOMI-GAESHI

(erlaubter Übergang zum Boden mit
anschließendem Yoko-shiho-gatame)

**Sergeij Kosorotov (RUS) wirft in der
Offenen Klasse bei den Weltmeister-
schaften 1997 Ernesto Perez (ESP) mit
Hikkomi-gaeshi und hält anschließend
Yoko-shiho-gatame.**

*Der russische Schwergewichtsweltmeister
von 1991 und Europameister von 1990
und 1995, Sergeij Kosorotov, ist in vieler
Hinsicht ein außergewöhnlicher Judoka.
Mit nur ca. 108 kg gehört er mit Abstand
zu den leichtesten Kämpfern in der
schwersten Klasse.*

*Bei den Weltmeisterschaften 1997 traf er
in seinem zweiten Kampf auf den spani-
schen Olympia-Zweiten Ernesto Perez.
Knapp 30 Sekunden nach Kampfbeginn
der beiden Linkskämpfer hatte Kosorotov,
um dem starken Linksgriff des Spaniers
auszuweichen, seinen linken Arm weit
über die rechte Schulter von Perez geschlagen und in dessen Gürtel gegriffen.
Als er dann mit seiner rechten Hand das
Knie des Spaniers fassen konnte, verlagerte
Ernesto Perez sein Gewicht nach unten
auf das angegriffene Knie, um einem dro-
henden Khabarelliansatz des Russen (vgl.
dazu auch S. 126, Bild 1) vorzubeugen.
Im Anschluss an diese Vorgeschichte beginnt nun unsere Fotoserie.*

Blitzschnell löst Kosorotov nun seine
rechte Hand vom Hosenbein des Spaniers
und presst damit den linken Arm des
Spaniers gegen seinen Oberkörper.
Den Griff mit der linken Hand im Gürtel
behält Kosorotov bei und fasst unter dem
Arm des Spaniers hindurch mit der rechten
Hand auf sein eigenes linkes Handgelenk,
wodurch er eine sehr gute Hebelwirkung
erzeugen kann.

ÜBERGANG/BODEN

Diesen Hebel kann er nun nutzen, um den Spanier umzudrehen.

Das Ausweichmanöver von Perez beendet Kosorotov mit einem blitzschnellen Nachsetzen und einem Fußstoppwurf, wobei er Perez auf dessen rechtem Knie fixieren kann. Obwohl sich der Olympia-Zweite aus Spanien nun heftig mit der rechten Hand und dem abstützenden Knie gegen das drohende Umkippen wehrt, kann Kosorotov seinen Vorteil nutzen.

Mit einer explosiven Streckung aus den Beinen hebelt er Perez an dessen linkem Arm über Knie und abstützende Hand in Rückenlage.

Dabei bewegt sich Kosorotov mit zwei Nachstellschritten auf dem umstürzenden Perez zu, um engen Körperkontakt zu halten und den Spanier am Boden direkt mit Yoko-shiho-gatame festzuhalten.

Sergeij Kosorotov (RUS)

- Weltmeister +95 kg 1991
- WM-Silber +95 kg 1995
- WM-Bronze +95 kg 1993
- Europameister +95 kg 1995, 1990
- EM-Silber +95 kg 1996, 1992
- EM-Bronze +95 kg 1989
- 3. Pl. TdP +95 kg 1988
- 1. Pl. +95 kg JWM 1995

ÜBERGANG/BODEN

VON MAKIKOMI ZU OSAE-KOMI

(Haltegriff im Übergang zum Boden)

Patrick Reiter (AUT) wirft im Kampf um Bronze –78 kg bei den Europameisterschaften 1997 mit Tsuri-goshi und hält anschließend mit Ura-yoko-shiho-gatame.

Der äußerst selbstbewusste Österreicher Patrick Reiter zählt seit einigen Jahren zur Weltelite –78/ 81 kg. Doch nur einmal ist es ihm gelungen, sich nach ganz vorne zu kämpfen, als er 1995 in Birmingham Europameister –78 kg wurde.

Reiter ist ein großer Kämpfer und kann zu jeder Zeit und aus allen Situationen größten Nutzen für sich ziehen.

Bei den Europameisterschaften 1997 im belgischen Oostende macht er aus einem Yuko für einen Tsuri-goshi-makikomi einen Ippon. Zwar gelingt es Reiter, seinen Gegner im Anschluss an den Wurf in Rückenlage zu drehen, doch dieser verhindert den Haltegriff mit Klammern eines Beines. Doch Reiter kann durch geschickten Arm- und Beineinsatz das festgelegte Bein befreien und einen umgekehrten Yoko-shiho-gatame* ansetzen, der ihm die EM-Bronze-medaille bringt, die Dritte seiner Judo-karriere.

---

* Dieser Ura-yoko-shiho-gatame (rückseitiger seitlicher Vier-Punkte-Haltegriff) wurde durch eine Regeländerung zu Beginn des Jahres 1999 als nicht mehr regelgerecht erklärt. Jedoch genügt eine relativ kleine Veränderung der Körperlage, um den geforderten Blick von oben nach unten als Tori wieder zu erreichen.

ÜBERGANG/BODEN

PORTRÄT

5

6

7

8

Patrick Reiter (AUT)

- WM-Bronze
  –78 kg 1995, 1997
- Europameister
  –78 kg 1995
- EM-Bronze
  –78 kg 1994, 1996, 1997
- 2. Pl. Tournoi de Paris
  –81 kg 1999
- 2. Pl. Tournoi de Paris
  –78 kg 1995

ÜBERGANG/BODEN

JUJI-GATAME IM ÜBERGANG

(Armhebel im Übergang zum Boden)

Marie-Claire Restoux (FRA) setzt im Kampf um Platz 3 –52 kg bei den EM 1997 nach einem misslungenen O-uchi-gari-Angriff gegen Tamara Meyer (NED) sofort am Boden nach und gewinnt mit Juji-gatame.

Marie-Claire Restoux, die zweifache Weltmeisterin und Olympiasiegerin von 1996 –52 kg hat fast alles erreicht in ihrer großen Karriere, aber immer noch keinen Europameistertitel. Nach drei Bronzemedaillen von 1996-1998 reichte es 1999 nur zu Platz fünf.
Unsere Technikserie zeigt sie beim Gewinn ihrer zweiten EM-Medaille 1997 in Oostende, wo sie aus einem kleinen Vorteil im Übergang zum Boden einen Ippon durch Armhebel macht.

Einem O-uchi-gari-Angriff der Französin hat die Niederländerin ausweichen können. Doch Marie-Claire Restoux nutzt die Chance, um zum Boden überzugehen. Sie sichert nun zunächst ihre Ausgangsposition, indem sie ihren linken Arm durch die Ellbogenbeuge der Gegnerin schiebt und das rechte Bein über deren Kopf legt, bevor sie sich zum Aufbrechen der Armsperre neben sie setzt.

Mit beiden Armen presst Restoux nun den Arm ihrer Rivalin zunächst gegen den eigenen Körper, um dann mit Hebelwirkung und Kraft aus dem Rücken die Armsperre aufzubrechen und den Arm im Ellbogengelenk zu überstrecken.

ÜBERGANG/BODEN

Marie-Claire Restoux (FRA)

- Olympiasiegerin
  –52 kg 1996
- Weltmeisterin
  –52 kg 1997, 1995
- WM-Bronze
  –52 kg 1999
- EM-Bronze
  –52 kg 1998, 1997, 1996
- 3. Pl. Tournoi de Paris
  –52 kg 1998

ÜBERGANG/BODEN

KATA-TE-JIME IM ÜBERGANG

(Würgegriff im Übergang zum Boden)

Danny Kingston (GBR) führt in der Klasse –71 kg bei den Europameisterschaften 1997 eine Ko-soto-gari/Beingreiferkombination gegen Luciau Preda (ROM) am Boden direkt mit Kata-te-jime weiter.

Kingston hat einen O-soto-gari (große Außensichel) des Rumänen verteidigt und greift diesen nun seinerseits mit einem Nidan-ko-soto (kleine Außensichel im zweiten Schritt) an. Als Luciau Preda nach hinten ausweicht, um diesem Konter zu entgehen, wechselt Danny zu einem Beingreifer. Preda kann sich abdrehen und eine Wertung verhindert, doch Danny Kingston geht sofort nach und greift den in der Bauchlage verteidigenden Rumänen an. Dieser weiß um die Gefährlichkeit des Briten am Boden und will sich der risikoreichen Situation dadurch entziehen, dass er sich aufrichtet. Kingston aber kann nun mit der linken Hand blitzschnell unter dem Kinn hindurch in den Kragen des Rumänen greifen, sein rechtes Bein unter dessen Körper durchschieben und mit der rechten Hand dessen rechtes Bein von außen umfassen. Am Bein des Rumänen nach unten rutschend zieht Kingston den Griff am Kragen zu. Als dieser nun dem Zug nachgebend sich nach rechts dreht, um eventuell den Kopf freizubekommen, lässt sich Kingston über seine rechte Schulter auf den Rücken rollen. Da er den Zug am Kragen beibehält und das rechte Bein von Luciau Preda stark zu sich heranzieht, kippt der Rumäne nach hinten um. Nun braucht sich Kingston nur noch nach hinten lehnen und dabei seine Hüfte gegen den Rumänen zu drücken und kann unter perfekter Kontrolle den völlig verschraubten Gegner zur Aufgabe zwingen.

Auch wenn sich Kingston nach diesem Erfolg die Finger der linken Hand leicht massieren muss, war er mit seinem 45-Sekunden-Auftritt in Runde eins der Europameisterschaften 1997 sicherlich ganz zufrieden.

1

2

3

4

5

6

7

8

PORTRÄT

Danny Kingston (GBR)

- Europameister
  –71 kg 1996
- EM-Bronze
  –71 kg 1997
- 2. Pl. Judo World Masters
  –71 kg 1997
- 3. Pl. Tournoi de Paris
  –71 kg 1996

ÜBERGANG/BODEN

MUNE-GATAME IM ÜBERGANG

(Haltegriff im Übergang zum Boden)

Selim Tataroglu (TUR) wirft im Kampf um Bronze +95 kg bei den Weltmeisterschaften 1999 Frank Möller (GER) mit Ko-uchi-gari und hält anschließend Yoko-shiho-gatame.

Offensichtlich hatte sich der deutsche Ex-europameister Frank Möller im Kampf um Bronze bei der WM 1999 gegen den massigen 160 kg Mann aus der Türkei wenig bis nichts ausgerechnet, denn nach diesem relativ lockeren Ko-uchi-gari (kleine Innensichel) des Türken legte er sich nahezu widerstandslos in einen Yoko-shiho-gatame und überließ dem aus Tschetschenien stammenden Selim Tataroglu seine erste WM-Bronzemedaille.

Selim Tataroglu (TUR)

- WM-Silber Open 1999
- WM-Bronze +100 kg 1999
- Europameister
  Offene Klasse 1999, 1998
- Europameister +95 kg 1997
- EM-Silber
  Offene Klasse 2000, 1996
- EM-Bronze
  +100 kg 1999, 1998
- EM-Bronze
  Offene Klasse 1997
- EM-Bronze
  +95 kg 1996, 1994
- 3. Pl. Judo World Masters
  +100 kg 2000

ÜBERGANG/BODEN

1

2

3

LITERATURVERZEICHNIS

Folgende Bücher dienten zur Vorbereitung zu diesem Buch und werden dem interessierten Leser zum weiterführenden Studium von Wettkampftechniken im Judo empfohlen:

1) ADAMS, NEIL: Kumi-kata, Ippon-Books. London 1990, deutsche Fassung 1993.

2) ADAMS, NEIL: Tai-otoshi, Ippon-Books. London 1996.

3) IATSKEVITCH, ALEXANDER: Russian Judo. Ippon-Books, Herts 1999.

4) JUDO SPORT JOURNAL, Verlag Dieter Born, Bonn 1996 (Nr. 5-8), 1997 (Nr. 9-12), 1998 (Nr. 13-16), 1999 (Nr. 17-20), 2000 (Nr. 21, 22).

5) KASHIWAZAKI, KATSUHIKO: Tomoe-nage. Ippon-Books, London 1989, deutsche Fassung o.Jg.

6) KAKASHIWAZAKI, KATSUHIKO: Fighting Judo. Pelham Books, London 1984.

7) KLOCKE, ULRICH: Judo anwenden. Dieter Born Verlag, Bonn 1997.

8) KLOCKE, ULRICH: Judo-Faszination. Flying Kiwi Verlag, Bonn 1990.

9) NAKANISHI, HIDETOSHI: Seoi-nage. Ippon-Books, London 1992.

10) NASTULA, PAWEL: Moje Judo, Proszynski i S-ka, Warschau 2000.

11) ROUGE, JEAN-LUC: Harai-goshi. Ippon-Books, London o. Jg.

12) SATO, NOBUYUI: Ashi-waza. Ippon-Books, London 1992.

13) SATO, TETSUYA/OKANO, ISAO: Vital Judo. Tokio 1973, deutsche Fassung Wetzlar 1979.

14) SUGAI, HITOSHI: Uchi-mata. Ippon-Books, London 1991.

15) SWAIN, MICHAEL: Ashi-waza II. Ippon Books, London 1994.

16) VAN DER WALLE, ROBERT: Pick-ups. Ippon-Books, London 1997.

17) YAMASHITA, YASUHIRO: O-soto-gari. Ippon-Books, London 1992.

WAS WIR VON STATISTIKEN LERNEN KÖNNEN

Die großen Titelkämpfe des Weltjudo geben auch immer wieder Aufschluss darüber, wie der Stand der Judotechnik ist. Sie beantworten folgende Fragen:

Welche Techniken sind auf höchstem Niveau wirksam (Gesamtzahl der erzielten Wertungen)?
Welche Techniken sind besonders durchschlagskräftig/kampfentscheidend (Ippon-/Waza-ari-Anteil an allen erzielten Wertungen)?

Die IJF (international Judo Federation) wertet alle Kämpfe aus und stellt die Ergebnisse auf ihrer Homepage dar (www.ijf.org „Statistik der Judo-WM 1999"). Auf der Grundlage dieser Daten wurden die folgenden **Thesen** erstellt:

Zu den Standtechniken

– Die erfolgreichsten Techniken sind Uchi-mata, O-uchi-gari und Seoi-nage.
– Was die Durchschlagskraft (Effektivität, Wirksamkeit) der Techniken angeht, führt Uchi-mata mit 69% Harai-goshi 67%, Kata-guruma 65% und Seoi-nage 62%
– Große Techniken haben eine große Durchschlagskraft, d.h. führen relativ häufig zu großen Wertungen.
– O-uchi-gari und Ko-uchi-gari zählen zu den am häufigsten erfolgreich verwendeten Fußtechniken. Doch ihre Durchschlagskraft ist relativ klein: O-uchi-gari 30%, Ko-uchi-gari 32%.
– Fußtechniken sind sehr erfolgreich, führen aber selten zu einem sofortigen Kampfende.
– Im Vergleich mit Atlanta hat die Bedeutung der Kata-guruma (,Abtauchtechniken' fallen unter diese Bezeichnung) deutlich zugenommen. Kata-guruma ist mit 76 Wertungen und einer Durchschlagskraft von 65% eine der erfolgreichsten Techniken der WM 1999 (Platz 6 insgesamt). Wobei eine deutliche Geschlechtsspezifität sichtbar wird. Bei den Männern auf Platz 2 (64 Wertungen, 59% Durchschlagskraft) liegt „Kata-guruma" bei den Frauen auf Rang 12 (12 Wertungen, davon jedoch 11 Waza-ari/Ippon, also 92%! Durchschlagskraft). Für die Frauen, die Abtaucher verwenden, ist er offensichtlich ein echter ,Kracher'!

Marco Spittka (GER) wirft in der Klasse –90 kg beim Judo-World-Masters 2000 mit Ko-soto-gake.

Olympiasiegerin Ryoku Tamura (JPN) wirft in der Klasse –48 kg bei der WM 1999 mit O-soto-gari

Zu den Bodentechniken

– Am Boden sind vor allem die Haltegriffe Yoko-shiho-gatame (46 Wertungen, davon 38 Waza-ari/Ippon) und Kesa-gatame-Varianten (39 Wertungen, davon 33 Waza-ari/Ippon) erfolgreich.

– Zwar liegt Juji-gatame noch an dritter Stelle der Bodentechniken, doch hat seine erfolgreiche Anwendung im Vergleich zu früheren Untersuchungen deutlich abgenommen. Während bei der WM 1999 nur in jedem 57. Kampf ein Juji-gatame erfolgreich ausgeführt wurde (14 JG in 797 Kämpfen), war es bei den Spielen von Atlanta 1996 noch jeder 15 Kampf (26 JG in 391 Kämpfen)!

Ghislan Lemaire (FRA) versucht im Finale –95 kg der EM 1997 einen Ushiro-kesa-gatame.

– Der Anteil der entscheidenden Wertungen am Boden nimmt ab. In Atlanta wurden 20% aller Ippon-/Waza-ari-Wertungen und 11% aller Wertungen insgesamt am Boden erzielt. In Birmingham 1999 lag der Ippon/Waza-ari Anteil des Bodenkampfs an allen erzielten Ippon-/Waza-ari-Wertungen bei 16,8% und der Anteil an allen erzielten Wertungen bei 10.5%.

– Bei den Frauen ist der Bodenkampf wichtiger als bei den Männern. Hier war das Verhältnis zwischen Ippon-/Waza-ari-Wertungen am Boden zu Stand wie 24% : 76% (1:3). Bei den Frauen waren die Haltegriffe (YSG, KG und KSG) am erfolgreichsten. Insgesamt wurden im Frauenbereich mehr Würgegriffe (sieben Ippon) als Armhebel (vier Ippon) erfolgreich angewendet.

– Im Männerbereich verliert der Bodenkampf an Bedeutung. Das Verhältnis zwischen Boden und Stand (Ippon-/Waza-ari-Wertungen) beträgt 1:7 (12% : 88%). Bei den Männern wurden deutlich mehr Armhebel (13 Ippon) als Würgegriffe (4) erfolgreich verwendet.

Olympiasieger und Weltmeister Kosei Inoue wirft in der Klasse –100 kg bei der WM 1999 Radu Iwan (ROM) mit Uchi-mata.

STATISTIK

STATISTIKEN 統計

Die 12 erfolgreichsten Techniken (in 797 Kämpfen der WM 1999)					Die Top-Ten bei den Männern (in 466 Kämpfen)					Die Top-Ten bei den Frauen (in 331 Kämpfen)				
A	B	C	D	E	A	B	C	D	E	A	B	C	D	E
1.	Uchi-mata	111	77	(69%)	1.	Uchi-mata	74	52	(70%)	1.	O-uchi-gari	52	18	(35%)
2.	O-uchi-gari	106	32	(30%)	2.	Kata-guruma	64	38	(59%)	2.	Seoi-nage	47	28	(60%)
3.	Seoi-nage	102	63	(62%)	3.	Seoi-nage	55	35	(64%)	3.	Ko-uchi-gari	44	10	(23%)
4.	Ko-uchi-gari	87	28	(32%)	4.	O-uchi-gari	54	14	(26%)	4.	Uchi-mata	37	22	(60%)
5.	O–soto-gari	82	35	(43%)	5.	Te-guruma	51	31	(61%)	5.	Harai-goshi	32	20	(63%)
6.	Kata-guruma	76	49	(65%)	6.	O-soto-gari	51	18	(35%)	6.	O-soto-gari	31	17	(55%)
7.	Harai-goshi	67	45	(67%)	7.	Ko-uchi-gari	43	18	(42%)	7.	Harai-makikomi	22	14	(64%)
8.	Te-guruma	60	35	(58%)	8.	Ko-soto-gari	36	8	(22%)	8.	Ko-soto-gari	21	6	(29%)
9.	Ko-soto-gari	57	14	(25%)	9.	Harai-goshi	35	25	(71%)	9.	Tani-otoshi	20	8	(40%)
10.	Tani-otoshi	49	27	(55%)	10.	Tani-otoshi	29	19	(66%)	10.	Tai-otoshi	19	9	(47%)
11.	Tai-otoshi	48	27	(56%)										
12	Harai-makikom	39	25	(64%)										

Die erfolgreichsten Bodentechniken (in 797 Kämpfen der WM 1999)					Die erfolgreichsten Bodentechniken bei den Männern (in 466 Kämpfen)					Die erfolgreichsten Bodentechniken bei den Frauen (in 331 Kämpfen)				
A	B	C	D	E	A	B	C	D	E	A	B	C	D	E
1.	Yoko-shiho-gatame	46	38	(83%)	1.	Kesa-gatame	18	17	(94%)	1.	Yoko-shiho-gatame	30	26	(87%)
2.	Kesa-gatame	39	33	(85%)	2.	Yoko-shiho-gatame	16	12	(75%)	2.	Kesa-gatame	20	19	(95%)
3.	Juji-gatame	14	14	(100%)	3.	Juji-gatame	10	10	(100%)	3.	Kami-shiho-gatame	9	8	(89%)
4.	Kami-shiho-gatame	13	12	(92%)	4.	Kami-shiho-gatame	4	4	(100%)	4.	Juji-gatame	4	4	(100%)

LEGENDE

A Platz
B Technik
C alle erzielten Wertungen
D Ippon-/Waza-ari-Wertungen
E Durchschlagskraft

Pernilla Anderson (SWE) wirft die Ex-Weltmeister-in Nicola Fairbrother (GBR) mit Ko-uchi-gari

Würgegriffe müssen im modernen Wettkampf oft schon im Stand angesetzt werden.

FOTOGRAFEN

Ulrich Klocke, 6. Dan
Sportlehrer, Judolehrer, Journalist
fotografiert Judokämpfe seit 1974, veröffentlicht Wettkkampffotos in Judo-Fachzeitschriften und dem Bildband „Judo-Faszination" 1991; Autor mehrerer Judobücher u.a. der offiziellen DJB-Lehrbücher „Judo lernen" und „Judo anwenden"

Bildnachweis: Seite 6, 13 (2), 14 (3), 15 (2), 17 (u.), 19, 22 (2), 23 (3), 25 (or.), 26, 82, 27 (3), 30 (3), 31 (4), 32 (u.), 34 (3), 35 (4), 36 (ol.), 37 (or. 2, 3, 4), 39 (or.), 42 (4), 45 (u.), 47 (or.), 48 (3), 49 (4), 50 (3), 51 (4), 53 (2), 54 (3), 55 (4,) 56 (5), 57 (2), 59 (ul.), 62 (3), 65 (2), 67 (3), 71 (or.), 73 (o.), 74 (2), 75 (5), 77 (u.), 78 (3), 79 (4), 80 (3), 81 (4), 82 (2), 83 (4), 85 (or.), 86 (3), 87 (4), 88, 90 (3), 91 (4), 93 (u.), 94 (2), 95 (3), 96 (2), 97 (or.), 101 (2), 102 (3), 103 (3), 104 (3), 105 (4), 106 (ol.), 111 (3), 115 (or., u.), 118 (3), 119 (4), 121 (or.), 123 (or.), 124 (2), 125 (3), 128 (2), 129 (or.), 131 (or.), 132 (3), 133 (4), 135 (4), 136 (2), 137 (3), 139 (4), 140 (3), 141 (4), 142 (3), 143 (4), 147 (or.), 148 (3), 149 (2), 150 (3), 151 (4), 153, 154 (4), 155 (7), 156 (4), 157 (5), 158 (4), 159 (5), 160 (4), 161 (5), 162 (3).

Paul Clemens, 1. Dan
Computerspezialist
fotografiert Judokämpfe seit 1977, seit mehr als 20 Jahren mit Ulrich Klocke befreundet; zahlreiche gemeinsame Veröffentlichungen in Judo-Fachzeitschriften; Mitarbeiter beim Bildband „Judo-Faszination".

Bildnachweis: Seite 17 (o.), 24 (2), 25 (2), 28 (3), 29 (4), 36 (3), 37 (2), 38 (2), 39 (2), 42 (4), 43 (4), 45 (o.), 61, 63 (3), 69 (2), 76 (o.), 78 (3A), 84 (3), 85 (3), 89, 93 (o.), 96 (M.), 97 (3), 98 (3), 99 (3), 106 (2), 107 (2), 108 (3), 109 (4), 111 (ur.), 113 (u.), 114 (2), 115 (2), 120 (3), 121 (3), 122 (3), 123 (3), 128 (2), 129 (3), 130 (3), 131 (3), 145 (u.), 146 (2), 147 (3), 166 (u.).

David Finch, 2. Dan
Profi-Sportfotograf
fotografiert seit Beginn der 70er Jahre die großen Judo-Wettbewerbe; seine Fotos illustrieren mehr als 100 Judobücher weltweit, darunter alle 13 Bände der „Judo Masterclass Techniques"; seit fast 20 Jahren mit Ulrich Klocke befreundet; arbeiten genauso lang zusammen; veröffentlichten gemeinsam den Judo Bildband „Judo-Faszination" (1991).

Bildnachweis: Seite 9, 11, 15 (u.), 33 (o.), 40 (3), 41 (2), 46 (3), 47 (3), 58 (3), 59 (2), 66 (4), 70 (2), 71 (3), 112 (o.), 116 (3), 117 (4), 126 (2), 127 (2), 145 (o.).

Bob Willingham, 3. Dan
Profi-Judofotograf, Journalist
fotografiert Judo-Wettkämpfe seit 1988; Herausgeber der offiziellen englischen Judo-Fachzeitschrift „The World of Judo"; offfizieller Judo-Fotograf der IJF (Internationale Judo Föderation), für die er das Buch „Judo – a Sport and a Way of Life" sowie die Homepage (www.ijf.org) mit seinen Fotos illustriert; tauscht mit Ulrich Klocke seit fast zehn Jahren Fotos und Artikel für die jeweiligen Judo-Fachzeitschriften aus.

Bildnachweis: Seite 73 (u.), 117 (3).

Legende: 9 = Seitenzahl: (3) = Anzahl der Fotos auf der angegebenen Seite; o = oben; M = Mitte; u.= unten; l.= links; r.= rechts; etc.